生命 教·育·丛·书
SHENG MING JIAOYU CONGSHU

人最宝贵的是生命，生命只有一次。

个人与社会

生命是灿烂的，是美丽的；生命也是脆弱的，是短暂的。让我们懂得生命，珍爱生命，让我们在生命中的每一天，都更加充实，更加精彩！

本书编写组

钟廷顺◎编著

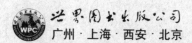
世界图书出版公司
广州·上海·西安·北京

图书在版编目（CIP）数据

个人与社会/《个人与社会》编写组编．—广州：广东
世界图书出版公司，2009.11（2021.11 重印）
ISBN 978－7－5100－1259－4

Ⅰ. 个… Ⅱ. 个… Ⅲ. 个人社会学－青少年读物 Ⅳ.
C912.1－49

中国版本图书馆 CIP 数据核字（2009）第 204820 号

书　　　名	个人与社会
	GE REN YU SHE HUI
编　　　者	《个人与社会》编写组
责任编辑	柯绵丽
装帧设计	三棵树设计工作组
责任技编	刘上锦　余坤泽
出版发行	世界图书出版有限公司　世界图书出版广东有限公司
地　　　址	广州市海珠区新港西路大江冲 25 号
邮　　　编	510300
电　　　话	020-84451969　84453623
网　　　址	http://www.gdst.com.cn
邮　　　箱	wpc_gdst@163.com
经　　　销	新华书店
印　　　刷	三河市人民印务有限公司
开　　　本	787mm×1092mm　1/16
印　　　张	13
字　　　数	160 千字
版　　　次	2009 年 11 月第 1 版　2021 年 11 月第 6 次印刷
国际书号	ISBN　978-7-5100-1259-4
定　　　价	38.80 元

"光辉书房新知文库"

总策划/总主编:石　恢

副总主编:王利群　方　圆

本书作者

钟廷顺　科普作者

序：让生命更加精彩

在中国进入经济高速发展，物质财富日渐丰富的同时，新的一代年轻人逐渐走向社会，他们中的许多人在升学、就业、情感、人际关系等方面遭遇的困惑，正在成为这个时代的普遍性问题。

有媒体报道，近30%的中学生在走进校门的那一刻，感到心情郁闷、紧张、厌烦、焦虑，甚至恐惧。卫生部在"世界预防自杀日"公布的一项调查数据显示，自杀在中国人死亡原因中居第5位，15～35岁年龄段的青壮年中，自杀列死因首位。由于学校对生命教育的长期缺失，家庭对死亡教育的回避，以及社会上一些流行观念的误导，使年轻一代孩子们生命意识相对淡薄。尽快让孩子们在人格上获得健全发展，养成尊重生命、爱护生命、敬畏生命的意识，已成为全社会急需解决的事情。

生命教育，顾名思义就是有关生命的教育，其目的是通过对中小学生进行生命的孕育、生命的发展等知识的教授，让他们对生命有一定的认识，对自己和他人的生命抱珍惜和尊重的态度，并在受教育的过程中，培养对社会及他人的爱心，在人格上获得全面发展。

生命意识的教育，首先是珍惜生命教育。人最宝贵的是生命，生命对于我们每个人来说，都只有一次。在生命的成长过程中，我们都要经历许许多多的人生第一次，只有我们充分体验生命的丰富与可贵，深刻地认识到生命到底意味着什么。

生命教育还要解决生存的意义问题。因为人不同于动物，不只是活着，人还要追求人生的价值和意义。它不仅包括自我的幸福、自我的追求、自我人生价值的实现，还表现在对社会、对人类的关怀和贡献。没有任何信仰而只信金钱，法律和道德将因此而受到冲击。生命信仰的重建是中小学生生命教育至关重要的一环。这既是生命存在的前提，也是生命教育的最高追求。

生命教育在最高层次上，就是要教人超越自我，达到与自身、与他人、与社会、与自然的和谐境界。我们不仅要热爱、珍惜自己的生命，对他人的生命、对自然环境和其他生命的尊重和保护也同样重要。世界因多样生命的存在而变得如此生动和精彩，每个生命都有其存在的意义与价值，各种生命息息相关，需要互相尊重，互相关爱。

生命是值得我们欣赏、赞美、骄傲和享受的，但生命发展中并不总是充满阳光和雨露，这其中也有风霜和坎坷。我们要勇敢面对生命的挫折和苦难，绝不能在困苦与挫折面前低头，更不能抛弃生命。

生命是灿烂的是美丽的，生命也是脆弱的是短暂的。让我们懂得生命，珍爱生命，使我们能在生命中的每一天，都更加充实，更加精彩！

本丛书编委会

CONTENTS

目 录

引言　海边的孩子

曹操有一首著名的诗，叫《观沧海》。那是建安十二年，曹操率兵征讨乌桓，九月胜利班师，途经碣石山时，他登高望海，写下了这首著名的诗："东临碣石，以观沧海。水何澹澹，山岛竦峙。树木丛生，百草丰茂。秋风萧瑟，洪波涌起。日月之行，若出其中，星汉灿烂，若出其里。幸甚至哉，歌以咏志。"林则徐也写过一副对联："海到无边天作岸，山登绝顶我为峰。"几年以前，我在海南的南山寺前，面对大海，静听涛声，心中波澜起伏，不由得就想起了这首诗、这副对联。

那是我第一次与海这么亲密的接触。当时我是陪一位即将离开部队的领导去看海的。时年40岁的他，曾长期在要害部门工作，任正团职4年多，已列入预提后备干部名单。但文人气质很浓的他，因为一件事与上级领导发生了争执，一气之下，他选择了转业。临离队时，他说他转业后的第一件事就是先去看看海，而我也早有看海的打算。于是便有了那次海南之行。谈起看海，我们共同的感受是：不虚此行。

我读过很多文学作品，包括名人传记、游记类散文、心灵散文等，渐渐发现，人类似乎和海洋有着某种特殊的关联，很多人都喜欢大海，与海有关的神话传说、故事、成语、诗词也有很多。比如，"阿拉丁神灯"、"哥伦布发现新大陆"、"精卫填海"、"望洋兴叹"、"海枯石烂"，等等。于是我就常想，人们为什么会有这样浓烈的海洋情结呢？思考的结果是：社会如海、人生如海！所以人们把经商叫"下海"，把社会叫"人海"。

海总是给我们非常奇特的感觉。海的博大，海的深沉，海的神秘，海的神奇，海的静谧，海的动荡，海的如诗如画，海的如梦如幻，海的如泣如诉，海的浮浮沉沉，当然，也包括海的不可预知，包括海的风起云涌。大海如此，社会如此，人生亦复如此。站在海边，大海总能给我们以人生的启迪、心灵的慰藉。

相对于社会这个大海来说，我们学生就是在海边戏水的孩子。人们常说，"跨出校门，踏入社会"。其实，这话不够准确。因为不管我们愿不愿意，学校也是社会的一个角落；每一名学生，本身就是社会的一员。社会的"海风"早就吹遍了学校的每一个角落。事实上，我们已经站在了海边，需要做的，是各种各样的热身准备。在校门里，在课堂上，我们所学的知识，都是为着社会需要而准备的。

学校的课堂，好比浅滩泳池。我们学到了知识，却少有搏击风浪的机会；我们学到了理论，却还要在生活中总结经验；我们学到了技术，却还要在现实中体会人生。所以，作为学生，在集中主要精力进行学习的同时，也有必要适度地参与社会生活。学生是祖国的花朵，但不应该是温室中的花朵。终有一天，我们要到大海中去。风也好，浪也好，都是我们要面临和经受的。我们或将看到喧嚣与躁动，或将遇到诱惑与困难，或将感到精彩与无奈；我们或将会懂得世态炎凉，或将会懂得沧海桑田，或将会懂得"天凉好个秋"的滋味。

　　成长的过程，就是一个"人的社会化"的过程。认识社会、融入社会、适应社会、改造社会，这是社会的需要，也是我们每一个人的社会责任。多年以后，也许我们会经商，也许我们会从政，也许我们会创业，也许我们只是公司的普通一员，总之，我们会扮演着各种各样的社会角色。我们终是要走出"象牙塔"的，社会才是我们真正的舞台，大海才是我们最终的宿命。

　　那么，来吧！从现在开始，就做好准备，去迎接社会之海的风风雨雨吧！

第一章　隆重的登场

一个孩子"呱呱"坠地，那是他在向世界庄严地宣告："我来也！"

对于整个社会来说，多一个人，少一个人，算不了什么。少了谁地球同样都会转。但对于我们一个家庭来说，对于我们自己来说，那却是天大的事了。我们来到这个世界上，从婴幼儿时期、少儿时期，进入青少年时期，这已经是多么不容易、多么了不起的一件事了。想想我们摔过多少跤，生过多少病，吃过多少苦，受过多少罪，才成长到现在这个样子！所以，我们千万不要把自己不当回事：每一个人都是重要的。

人，是社会的人。我们来到这个社会上，就是要融入社会、适应社会，在社会上立足，在社会上生存。达尔文在《进化论》中提出了自然界的基本法则：物竞天择、适者生存。人类社会虽然和自然界不一样，有"爱"，有"以人为本"，有"同情和帮助"，但是，这些东西都代替不了生命个体自身对社会的适应。自己，也只有自己，真正适应了社会，才能更好地生存，更好地生活。那么，哪些东西是适应社会所必需的呢？我认为，简言之，那就是四个字：身心健康。

曾遇到一个哲学意味很浓的问题：一滴水要怎样才能不干涸？

答案是：一滴水在大海中它就不会干涸。

是的，就让我们成为社会海洋中的一滴水。

到大海中去，我们将永不干涸！

第一节　积极的态度

蜀之鄙有二僧，其一贫，其一富。僧富者数年欲买舟而下南海，犹未能也；僧贫者仅一瓶一钵而往，越明年而还。西蜀之去南海，不知其几千里也，僧富者不能至而贫者至焉。

这就是大家都很熟悉的"蜀鄙二僧"的故事。这个简单的故事，蕴涵着一个深刻的道理：能不能到达你心目中的"南海"，不在于贫还是富，不在于有船没船，关键是你要有一种积极的态度。

人生中的一些事情是我们无法改变的，比如，一个人在出生时就已经发生、正在发生或必然发生的事情，也就是所谓的"命运"吧。一个人出生的家庭，可能很贫穷，也可能很富有；一个人出生的地点，可能是一个繁华的城市，也可能是一个偏远的山村；一个人出生的国家，可能是非洲的穷国，也可能是北欧的富国；一个人出生的年代，可能是战火纷飞的年月，也可能是和平安宁的时期。这些都没办法改变。但也有一些事情是我们通过努力可以改变的。比如，培养积极的心态，学习多方面的知识，提高自身的能力素质，不断地解决问题，这就是以积极主动的态度改变命运。

无数成功人士的奋斗历程告诉我们：成功总是由那些抱有积极心态的人所取得的。拥有积极的心态，即使身处逆境、遭遇困难，他也可以逢凶化吉、遇难成祥，事事称心如意。

也有很多人，他们各方面的条件并不差，人也不比别人笨，但却碌碌无为，一事无成，诸事不顺。究其原因，那就是缺乏一个积极的心态。

拥有积极态度的人为什么更容易到达心中的"南海"呢？是运气的原因吗？表面上看似乎是这样的，但如果我们往深里想，就不那么简单了。

让我们先来看看拥有积极心态的人们的主要特质：

1. 积极的人他是乐观快乐的

乐观跟悲观反映了两种不同的人生态度，一种是阳光灿烂的，一种是阴暗潮湿的。乐观者遇人、遇事往好处想，即使有不如意，他也会从中看到希望，结果便是快乐相随。而悲观者遇人、遇事总往坏处想，即使是好事，他也会产生幻灭感，于是便忧心忡忡，甚至整天处于担心和恐惧之中。乐观和悲观的情绪都有传染性，看到一天笑呵呵的人，大家心里都高兴；而那种整天愁眉苦脸的人，像别人借了他的米欠了他的糠似的，这种人让人看着就不舒服。

所以，哲人说："要想征服世界，首先要征服自己的悲观。"在现实生活中，我们总会遇到各种各样的挫折、困难和不如意，那就要注意用开朗、乐观的情绪支配自己的生命，时时守住乐观的心境，保持积极进取的人生态度。

说起苏东坡，我们会想到他的前后赤壁赋，想到他是一个文学大师。但我更欣赏他的千古风流。他就是一个不折不扣的乐天派。一个研究苏东坡的外国人曾经做过统计，苏东坡一生担任过30个官职，遭贬17次，频频往返于江湖和庙堂之间，还坐过130天的监牢。然而，他一生达观，留下的诗词文章被归为豪放派，大多豪放不羁，很少有悲观厌世之作。

苏东坡的人生可以说得上是起伏跌宕。他享有过皇上、皇太后给予的最高礼遇和荣誉，也遭受过人生最严重的政治打击，数遭贬谪，在"乌台诗案"中还差点送了老命。但他不管处于什么样的环境中，他的灵魂始终是高贵的，心灵始终是自由自在的。你看他在密州任上时打猎的风流："老夫聊发少年狂，左牵黄，右擎苍，锦帽貂裘，千骑卷平冈。为报倾城随太守，亲射虎，看孙郎。酒酣胸胆尚开张，鬓微霜，又何妨。持节云中，何日遣冯唐？会挽雕弓如满月，西北望，射天狼。"而当他被流放之时，家贫无以自资，曾躬耕农亩，开荒种地，向老农民学习，成绩不俗；据说他对烹饪非常有研究，做红烧肉、东坡肘子、东坡豆腐，他还自己酿酒，别具特色。流放海南之时，他曾有过短暂的彷徨与苦闷，但他很快便自我解脱了："吾始至海南，环视天水之际，凄然伤之，曰：何时得出此岛耶？已而思之，天地在积水中，九州在瀛海中，中国在少海中，有生孰不在岛？念此可以一笑。"其中的哲学意境就不必说了，只是这种豁达的胸襟，就让人神往。后来他还在诗酒自娱之余，搜集药方，为他人行医治病，深得当地人的爱戴。即使在流放海南的 3 年里，他的日子也过得有滋有味。

其实，历史上的很多名士，都有着乐观快乐的性格，如陶渊明、李白等。乐观的心境，豁达的胸襟，浪漫的情怀，帮助他们渡过了人生中一次又一次的磨难与困厄，完成了诗意的人生。

事实上，无论你是一把鼻涕一把泪也好，还是坦然面对也好，磨难该来的它总要来的，是不以人的意志为转移的。但只要有一颗乐观快乐的心，逆境又能奈我何？

当然，这并不是说积极的人就什么都会一帆风顺，法拉第曾经说过："拼命去争取成功，但不要期望一定会成功。"在看待事物时，应考虑生活中既有好的一面，也有坏的一面，然后做好最坏的打算，并朝着最好的方向去努力。一个积极心态的人并不否认消极因素的存在，他只是学会了不让自己沉溺其中。他常能心存光明远景，即使身陷困境，也能以愉悦和创造性的态度走出困境，迎向光明。

2. 积极的人他是自信勇敢的

什么样的人最容易遇到鬼？怕鬼的人！什么样的人最怕鬼？心中有鬼的人！

"我不行""我不能"，就是我们心中的"鬼"！有时候生活它最爱和人开玩笑，你怕什么它就来什么。你想着自己不行，你真的就快不行了。如果你坦然面对，积极应对，它反而不能把你怎么样。一个表演走钢丝的"高空王子"，在一次很普通的表演中摔下深谷，付出了生命的代价。这令人费解，以前难度高得多的表演，他也从没有失手。事后，他的妻子道出了其中的原委：近来，他经常担心自己"我不行了"，打算"金盆洗手"，不再从事这种危险的表演。但由于票已售出，他只好硬着头皮进行最后的表演，没想到真的出事了。

"我不行""我不能"，说白了就是自卑，这是自信的天敌。自卑是一种消极的自我评价或自我意识，是一种自我否定一切的惯性。一个自卑的人往往过低评价自己的形象、能力和品质，总是拿自己的弱点和别人的长处比，觉得自己事事不如人，在人前自惭形秽，从而丧失自信，悲观失望，不思进取，甚至沉沦。自卑起源于自己的缺陷和不足，其实缺陷和不足并不可怕，只要有了积极心态，并想方设法扬长避短，你的缺陷就不会成为障碍，也许还会成为你的福音。所以，真正的强者，绝不会怨天尤人，而是从跌倒处爬起来，拿起自信的钥匙，用行动和智慧去叩开成功的大门。

凡事抱有积极心态的人，他根本就不怕"我不行""我不能"这个心中的"鬼"。他相信自己能行！他知道，上天给了我们发现的眼睛、思考的头脑、创造的双手，就是要让我们好好努力，用自己的勤劳和智慧创造美好的生活。所以，被誉为天才发明家的爱迪生曾说："自信是成功的第一秘诀。"

他不怕困难，无所畏惧。人，从生下来就注定要和困难打交道，我们每走一步都会遇到困难，时时面对错综复杂的困难。面对困难，不同的态度决定了不同的结果。在一则古老的寓言《愚公移山》里，面对横亘于前的大山，北山愚公的态度和河曲智叟的态度就是一个鲜明的对比。毛泽东后来在一篇文章里对"愚公移山"进行了新的阐释，愚公受到了充分的肯定，智叟受到了无情的嘲笑。想想毛泽东所处的时代，我们就能理解其中深层次的含义。山，阻挡不了愚公的脚步；困难，阻挡不了自信而勇敢的心灵。我们在毛泽东的《七律·长征》中，同样可以读到这样的精神："红军不怕远征难，万水千山只等闲。"正是靠着这样的精神，我们搬掉了"三座大山"，也搬掉了许许多多这样那样、大大小小的山。操蛇之神在哪里？当心中充满自信的时候，我们每一个人都是自己的操蛇之神！

他不怕出错，敢闯敢试。其实我们只要做事情，就可能出错；少干活，少出错；多干活，多出错；不干活，不出错。那么，我们是不是就应该不干活、不出错呢？那样的话，固然少了出错的机会，但成功的机会也就悄然远去了。在中学时，老师教过我们一种解题方法，就叫：试错法。这种方法虽笨，但很管用。顾名思义，就是把种种可能的方法都拿来试一试，每试一种，我们离成功就近了一步。如果事情不顺利，我们也可以立刻作出反应，寻找失败的原因，修订行动计划，找到新的路子。

当然，自信不是自以为是，盲目自大。要记住，谦虚是一种永远的美德。

3. 积极的人他是自觉主动的

积极的人生是一种自觉进取的人生，他总是在争取人生的主动，不管生活多么艰难，不管环境如何变化，他都能够把握住自己，不灰心丧气，不轻言放弃，而是在适应中改善，在创造中发展，为生命创造一个最大值。这是一种不用扬鞭自奋蹄的自我鞭策，这是一种响鼓不用重锤的自觉行动。

他从不怨天尤人。他知道"人非圣贤，孰能无过"，埋怨在很多时候只能徒增烦恼，没有任何的实际意义。所以他绝不会被生活中的琐事和小事所困扰，既不会为别人的一点过错而大动肝火；也不会为自己偶尔做了一点错事而担惊受怕。他总是根据自己的职责，选择去做一些有实际意义的事情，努力地改造自我，从而改造世界。

他自觉地思考自己的人生，并积极地付诸行动。他知道，心动不如行动。一位伟人曾经说过，要知道梨的滋味，你必须亲口去尝一尝。小学时就学过的寓言"小马过河"，讲的也是这个道理，河有多深？行还是不行？去试试就知道了。于是，他对自己的未来有着理性的设计与规划，现在是什么情况，一年后是什么样子，五年、十年后是什么样子，他对自己有一个基本的定位，有一个全面的思考。并且，他是一个坚定不移的行动主义者，朝着自己既定的方向，不断地努力。

4. 积极的人他是朝气蓬勃的

生命本身是短暂的，但是为什么有的人过得丰富多彩，充满朝气和进取精神，有的人却生活得枯燥无味，没有一点风光和活力？这值得我们深思。

想起一个故事。故事讲一个小孩很认真地朝前跑，因为他想要超越自己的影子。可是，不管他向前跳多远、跑多快，影子总是在他前面。后来，有个大人告诉他一个最简单的方法："你只要面对太阳，影子不就跑到你的背后去了吗？"

是啊，面对光明，阴影永远在我们身后。拥有积极心态的人，他就是在向着光明前进。于是，他把人生中的阴影——困难、挫折、不如意和疾病等都抛在了脑后。他总是那么朝气蓬勃，那么充满活力，那么激情洋溢，那么魅力四射！他就是一个欢乐谷，他就是一个活力源，他就是一个发动机！

　　我们都是年轻人，年轻人就要保持年轻的心态，做一个有朝气、有活力的人。否则，就成了未老先衰，成了死气沉沉。事实上，即使是老年人，如果拥有一颗年轻的心，一样可以朝气蓬勃、生机盎然的，这样的老人在生活中我们一定都见到过不少。一位伟人讲，年轻人是早晨八九点钟的太阳。我们确实需要保持这种朝气和活力，不要让压力压倒了活力。活力就是我们的魅力。

　　当然，除了以上所列的四点特质之外，你还可以说出很多，比如热情，比如耐心，等等。从中我们是不是可以得出这样的结论：积极的人生态度是成功的催化剂，它能够点燃你的热情，它能够坚强你的心智，它能够照亮你的前程……如果我们借用物理、化学上的知识来进行解释，我们是不是也可以这样说，积极的人生态度，会有三种基本的效应：

　　一是光效应。像指路的明灯一样，像海上的灯塔一样，照亮了自己，也感动、感染着他人，让世界处于一种光明的境界。

　　二是热效应。因为人与人之间的积极态度，让人感到温暖，感受到人世间的真情，感受到我们并不孤独，从而互相帮助、满怀希望地生活，放弃那些消极的想法。

　　三是磁效应。积极的人让人想亲近，想靠近，有一种安全感、信任感，和这样的人共事，会有想头，有奔头，有干头，从而产生凝聚力、向心力、感召力。

第二节　和谐的心灵

近年来，建设和谐社会，已经成为我国人民，甚至世人的普遍共识。有识之士指出，和谐社会首先应该包括个人心灵的和谐。于丹就曾撰文称：和谐的心灵应该是一切和谐之始。按照国学大师季羡林老先生的说法，社会和谐有三个层面的意思，一是个人心灵的和谐，二是人际关系的和谐，三是人与自然的和谐。所以，和谐的心灵，是我们适应社会的一个重要元素。

什么是和谐呢？现在的说法很多，每一种都有它自己的道理。我觉得还是老子说得好，西方哲学中的现象分析学和解释学的那一套东西，他早就用上了。老子描写赤子，也就是婴儿，他说："终日号而不嘎，和之至也。"小孩子整天哭个不停，但喉咙却不嘶哑，这是因为和谐到了极点呀！这是非常有道理的。据说现代西方有一位声乐大师，他曾一度陷入学习声乐的"瓶颈"，该学习的理论都学完了，该掌握的技巧都掌握了，怎么练也没办法提高。更让人心烦的是，他的邻居是一对年轻夫妇，有一个特别爱哭的婴儿，而且总是晚上哭，一哭一个晚上，吵得他没法睡觉。近一个月来，小孩每天都这样哭闹，有天晚上他突然想起一个奇怪的问题，这个小孩一哭一晚上，怎么他的声音却始终底气十足、洪亮如初？而自己唱上一两小时就筋疲力尽、声嘶力竭了。他兴奋起来，开始研究起小孩的哭声。这使他进一步搞清楚了哭声中的"起承转合、抑扬顿挫"的道理，他终于云开雾散了，艺术上的成就也突飞猛进。你看，这就是和谐的力量。

再来看和谐的心灵。心灵是人生最宝贵的财富，是不懈奋进的强大动力，是快乐与幸福的源泉。法国著名作家雨果曾说过："世界上最宽阔的是海洋，比海洋更宽阔的是天空，比天空更宽阔的是人的心灵！"雨果用诗一般的语言，阐释了和谐心灵的特点：宽阔、自然、丰富，比天空更天空，比海洋更海洋，比自然更自然。简言之，和谐的心灵，那就是健康的心灵、心理的健康。

说到心理健康，就进入心理学的专业领域了。我们不妨用比较通俗的理解，来认识一下这个问题。我们的理解是：心灵和谐，它是心理健康的另一种说法，主要表现为四种能力：

1. 对外部环境的适应力

心理健康的人，对环境都有相当的适应性，以保证自身生存状态的相对稳定性。这种适应性，是指人的心理和行为与环境之间的协同和顺应关系。

人类要生存下去，就不得不随时随地、一刻不停地与生存环境打交道，去保持和争取与环境之间的动态平衡关系。在人与环境的关系问题上，历来有两种态度，一种是应付，一种是适应。应付，也就是凑合，消极应付。而适应的本质是求变。

比如一个人到了一个陌生的环境，只求应付的人，他会得过且过，既不想办法改变自己，也不想办法改变环境，一天天混日子。而积极适应的人，他就会在适度改变自己以求顺应环境的情况下，想方设法地去影响周边、改变环境，达到人与环境的和谐相处，甚至让环境为自己服务。

这时，让我们来设想一下：一位同学，转学到了一所新的学校，他会怎么样呢？如果这位同学就是你，你是应付呢，还是适应？

2. 对精神压力的抵抗力

人的一生当中总会遇到种种困境、难题和任务，带给我们的就是压力。比如自然灾害（洪水、地震、火灾等），社会大动荡（战争、巨大的政治动荡等），意外事件（车祸等），严重生理性伤害（重病、致残等）以及社会心理事件（父母离婚、破产等家庭变故），这些事件往往会带给我们巨大的精神压力。

面对这些压力，有些人会采取各种办法，积极应对，消除"压力源"，或是远离"压力带"，及时把自己的状态调整好。而有些人却可能因为承受不了这些巨大压力，而导致精神崩溃。

心灵和谐的人，他就会是一位积极应对的人。"大雪压青松，青松挺且直"，他抖落身上的落雪，傲然挺立。每一次打击，只是对他的一次磨砺，让他变得更加坚强。

3. 对精神创伤的修复力

有些精神刺激，超过了自己的承受能力，就会造成精神伤害。

人总有受伤的时候。毕竟我们年轻，年轻的心是很容易受伤的。一首歌就唱道："为什么受伤的总是我？"

就像伤口的愈合需要一段时间一样，精神创伤也有一个康复的过程。精神创伤之后，随之而来的，必然是不良情绪，如恐惧、愤怒、怨恨、后悔、焦虑、苦闷、抑郁等。所以，我们对精神创伤的修复，实际上也就是对这些不良情绪的摆脱，大致的途径有：镇静，理性，估计后果，形成应对方略，调动社会支持系统，积极行动，争取最好结果。

所谓镇静，是对待不良情绪的一种态度，即"冷处理"的态度。有些时候，冷处理就是最好的处理，先给事态降降温，调节自己的不良情绪。

所谓理性，就是在冷静的心理背景下，进行逻辑思考：思考事情发生的由来，思想事情发生的条件，事态的现状，事情的影响面，等等。

所谓估计后果，就是冷静地分析事态的发展趋势，其结局有几种可能，各种可能产生的严重情形是什么，等等。

所谓形成应对方略，就是依据客观事件的特点，对自我能力大小的评估，做出改善、消除不良情绪的具体计划，确定采取的具体措施。

所谓调动社会支持系统，即是向亲戚朋友有关的社会有关组织求援。

所谓"积极行动，争取最好可能"，就是按照冷静思考得出的应对方略，努力争取将事态缩小，将事态的危害缩小到尽可能低的程度。

总之，面对不健康的精神状态，面对不良情绪，根本的对待原则就是深化认识，即对事件的必然性、发展趋势以及后果等，考虑周到，加深理解，而后，再用认知理解去调控不良情绪。如果这种方法仍然无效，最好地找心理学家，进行必要的、系统的心理治疗。

"天有不测风云，人有旦夕祸福"，人的一生中不可能不遇到实际困难，不可能不经历精神创伤。关键的问题是，我们要学会自我疗伤，避免像鲁迅小说中的祥林嫂那样，沉浸在创伤中不能自拔。

4. 对自我情绪的控制力

人的行为分为受控行为和失控行为。人的行为失控是很麻烦的事。没有理性的规范，行为就是杂乱无章的，类似疯狂。特别是一些不良的非理性情绪所支配的行为，那就叫冲动。有一句话叫做："冲动是魔鬼。"冲动行为在日常生活中经常见到，其内涵是在强烈的失控的情绪驱使下，表现出不符合社会道德规范的行为。正常人一般不会出现失去理智的情况，但如果遇到强烈刺激，或是在大量饮酒等情况下，就很可能如此这般的不受自己控制了，激情犯罪，酒后驾车，病态的偏执，等等。

　　人的行为总会受到情绪的影响，而我们每个人，由于种种原因，随时都可能产生一些不良情绪。

　　比如：攀比、嫉妒心理情绪。一些人总喜欢与身边的同学相比较，比家庭，比吃穿，比相貌，等等。比来比去，对不如自己的，有可能产生看不起别人的思想；对强于自己的，又可能滋生嫉妒、不满情绪。其结果，有些人就会说三道四、胡猜乱议，把同学间的友情搞没了，把学习的劲头搞没了，产生一系列的不利影响。

　　又比如：阴暗、消沉心理情绪。有的人眼睛只盯着消极的一面，看不到积极的主流的一面，总认为社会是灰暗的，个人的努力是徒劳的。进而不愿吃苦、不愿努力，生活上懒散、情绪上低落、工作上马虎；没有远大的理想，不愿意面对现实琐碎的工作；不思进取、不求进步，并且否认现实状况是自己的懈怠所造成的，而是归咎到客观因素；不思发愤图强、努力改进，反而自暴自弃、怨天尤人。

　　这些不良情绪，是心灵不和谐的音符。如果产生了，那就要立即引起自己的注意，要用理智的闸门控制不良情绪的洪水，不要过激，不要偏执，把问题想想清楚，冷静对待，冷静处理。

　　"竹密何妨流水过，山高哪碍野云飞"，这是一种豁达的心态，也是一种和谐的心灵。关键是自己有一颗行云流水般的心，不要过多地囿于世俗的、外在的环境之中，让自己的心灵圆融清明。哲人说："云层之上一片光明。"坐过飞机的人都知道，人在云层之上，世界是一片大光明。灵魂在红尘之上，心灵就是一片大光明。

第三节　优秀的习惯

习惯，是指习以为常的、积久成性的思维和行为方式。良好的习惯，透过不经意的言行、细微之处的举止，展示着优秀的人品。古人讲识人于微，深得此中真义。雷峰是优秀的，因为他有着助人为乐的习惯；巴金是优秀的，因为他有着讲真话的习惯。

习惯体现着性格，体现着修养。有一位女同学，当年她曾拥有两位追求者，这让她作难，两位追求者都是那样的优秀，那样的忠心。最终使她作出决定的，是一次过马路的经历。她和他随着一大群人在一个红绿灯路口等了很久，绿灯并没有亮，因为坏了。于是人流开始穿越车流向对面涌动。她和他挟裹其中，也向对面走去。他始终走在她前面半个身位的一侧，紧张地四处望着，手圈在她的身后，有车时便拉她一下，拥挤时便替她挡着。过了马路之后，她已主动拉住了他的手。因为，他对她的呵护，已成为了一种习惯性的行为，这样的人，值得她用一生的时间相依相伴。

还有一篇驻外使节写的文章，他在参加一个国际会议时，在停车场注意到一个细节：所有外国的武官们在停车时，车头都是向外的。不要小看了这一细节，它展示了外交官们良好的军事素养：遇到紧急情况时，可以快速反应，以最快的速度驶离现场。

也许，正因为如此，那些企业招聘员工或者单位招聘公务员时，都特别注重一些细节习惯的观察。我就读过许多这方面的文章，有的是因为把纸张两面使用，有的是因为面试失败时礼貌的告别，有的是因为在坐电梯时客气的谦让，有的是因为在一些小事上认真的细节，总之，这些细节很多。我们不要以为这是用人单位的武断，这些细微之处的下意识似的习惯，的确体现了一些深层次的东西。是真心、真情的流露，还是伪装出来的，是很容易辨别出来的。

据报道，有一个贫困县，国家为了扶贫，有关部门介绍了一位商人回来考察，准备投资建厂。为了接待好那位商人，县里非常重视，书记县长亲自设宴，四大班子齐上阵，在本县最好的酒店安排了一桌。大家都以为这位商人一定非常满意，投资的事应该是铁板钉钉的事了。可是，商人最终却没有选择在这里投资。原来，正是这顿奢侈豪华的晚餐吓走了商人。在餐桌上，一些科局长的随意表态，一些办事人员的官僚嘴脸，以及书记县长的唯我独尊，都让商人心寒、心惊，最终作出了撤资的决定。

在汪中求先生的《细节决定成败》中，他也谈到了"一口痰终止了外商谈判"的问题。国内有一家药厂，准备引进外资，扩大生产规模。他们邀请德国拜尔公司派代表来药厂考察。在进行了短暂的室内会谈之后，药厂厂长便陪同这位代表参观工厂。就在参观制药车间的过程中，药厂厂长随地吐了一口痰。拜尔公司的代表清楚地看到了这个场景，便马上拒绝继续参观，也终止了与这家药厂的谈判。在这位代表看来，制药车间对卫生的要求是非常严格的，作为一厂之主的厂长都能随地吐痰，那么员工的素质可想而知！与这样的药厂合作，如何保证产品的质量呢？

毕淑敏在《教养的证据》中说：什么叫教养呢？辞典上说是"文化和品德的修养"，但我更愿意理解为"因教育而养成的优良品质和习惯"。她列出了以下最关键的证据：热爱大自然；能够自如地运用公共的语言，表达自己的内心和同他人交流，并能妥帖地付诸文字；对历史有恰如其分的了解；除了眼前的事物和得失以外，他还会不同程度地想到他远大的目标；对自己的身体，有着亲切的了解和珍惜之情；对人类各种优秀的品质，比如忠诚、勇敢、信任、勤勉、互助、舍己救人、临危不惧、吃苦耐劳、坚贞不屈等，充满敬重敬畏敬仰之心；有教养的人知道害怕；等等。这些，都是优秀的习惯，也是教养的体现、素质的体现。

怎样培养自己的好习惯呢？管理学上提出了具体的办法：强迫成习惯，习惯成自然。其实这并不玄奥，生物学中的"条件反射"就是这样形成的。比如，我们要形成早睡早起的习惯，先要自我约束，规定自己每晚十点半前必须睡下，每天早晨把闹钟调到七点，这就是强迫自己早睡早起。久而久之，晚上十点半钟不睡觉，你就会觉得很困；而早上起床，即使闹钟不响，你差不多七点钟也就醒了。又如每晚睡前看半小时的书，开始的时候强迫自己看，每天你规定自己看半小时，慢慢的你就会养成这种习惯。

我曾在网上读过《人生的 21 种习惯》，觉得对我们会有一些帮助，把它摘抄如下，供大家参考：

当一个人生活枯燥的时候，用心体会是一种习惯。

当一个人觉得人生乏味的时候，培养幽默是一种习惯。

当一个人体力日差的时候，运动健身是一种习惯。

当一个人工作疲惫的时候，认真休息是一种习惯。

当一个人孤傲狂放的时候，感恩惜福是一种习惯。

当一个人志得意满的时候，谦冲为怀是一种习惯。

当一个人钱不够用的时候，投资理财是一种习惯。

当一个人觉得工作低迷的时候，激励自己是一种习惯。

当一个人怀疑自己的时候，建立自信是一种习惯。

当一个人忽略家人的时候，爱与关怀是一种习惯。

当一个人浑噩度日的时候，阅读好书是一种习惯。

当一个人忙于工作的时候，安排休闲是一种习惯。

当一个人目中无人的时候，不断学习是一种习惯。

当一个人服务不佳的时候，让顾客满意是一种习惯。

当一个人慌张失措的时候，万全准备是一种习惯。

当一个人推诿责任的时候，勇于承担是一种习惯。

当一个人肠枯思竭的时候，转型思考是一种习惯。

当一个人畏惧调职的时候，提升自己是一种习惯。

当一个人沟通障碍的时候，真诚倾听是一种习惯。

当一个人业绩消退的时候，积极行动是一种习惯。

第四节　精细的作风

很多老师在为学生写评语时爱写一句话：粗心大意。很多学生和家长听到这句话，还觉得窃喜。因为老师的言下之意：该生学习还是不错的，能力还是很强的，只是因为粗心，所以没有考出好成绩。这么说来，粗心简直就不是什么大不了的缺点，差点就成优点了。

然而，事实上，粗心大意可是一个大问题。这里且不必说物理化学中分子、原子、电子这些微观世界，那是一点马虎不得的，失之毫厘，就会谬之千里；也不必说航天工程、探月工程，这些高精细的问题，我们都知道美国"阿波罗号"飞船失事，原因就出在一块小小的隔热瓦上。这些我们都不说了，我们来说说"胖大嫂回娘家"的故事。

胖嫂性急心粗。一日黄昏，收家信一封，她看了第一句就急了："父病重……"来不及吃晚饭，她从床上背起小孩就往家赶。晚上的农村没有公共汽车，只好步行。路过一块冬瓜地，她摔了一跤，把孩子从背上摔了下来。她急忙爬起来，背起小孩就走。赶到父亲家时已将近半夜，父亲一家人赶快起来，却见父亲好端端的为自己端茶倒水，原来，是她没把家信的内容看完。"父病重，已痊愈。"这时候，她才想起把小孩从背上放下来，可放下来一看，是个大冬瓜。这可把她给吓了一大跳：在瓜地里跌了一跤，把冬瓜当成小孩背来了。她又急急忙忙往回赶，到瓜地里找孩子去。到瓜地里找了半天，只找着一个枕头。这下她可慌了神，又往家里跑。到家一看，孩子还在床上哭呢。原来，她出门时走得急，背的是枕头。

胖嫂生活中犯点这种粗心大意的错误，只是让我们感到可笑而已，然而，有些事就不仅仅是可笑的问题了。

一家著名公司招聘员工，有10名高材生过关斩将进入了最后的一次考试。这次考试将最后决定他们的命运。试卷发下来了，大家一看，题目都很简单，但题很多，要求他们在3分钟之内完成。他们赶紧拿起笔就做。结果只有1个人在3分钟之内完成了试卷，他被录取了。其他的9名同学愤愤不平，题出得太没水平了嘛，这么多题，看完就要2分钟，3分钟怎么能够做得完呢？主考官微笑着说，看完最后一道题，你们就明白了。大家一看，确实无话可说了。原来，题目是这样的：

第一题：请看完所有的题目。

第二题：请写出你的名字和年龄。

……

最后一题：你只需要做第二题。

如果你就是参加考试者的其中之一，你感觉如何？

我记得，学生答卷之时，老师常告诫我们，要先审题。这是一个非常重要的程序。你必须要把题目读完，然后搞明白题目的要求。把问题搞清楚，然后再着手解决它。否则，极有可能是南辕北辙、答非所问的结果。

推而广之，我们不管做什么事情，都需要一种精细的作风，不要急于下结论，搞清楚事情的来龙去脉，搞清楚事情的真相，然后才动手处理。一句话，就是先要做好调查研究的工作。

人们常说，没有调查就没有发言权。在这方面，有一位古人做得非常好，他就是齐威王，也就是大家都非常熟悉的《邹忌讽齐王纳谏》中的齐王。他听到自己的左右都常常向他赞扬阿城的大夫，说他是地方官员中最好的，而天天诽谤即墨大夫，说他是最坏的。齐威王听到这些报告后，没有轻信，而是派出得力的人员去实地调查。结果是即墨这个地方治理得很好，田地得到充分开发，老百姓丰衣足食，官府办事公平公正，没有积压的公事。齐威王明白了之所以即墨大夫遭受到诽谤，是因为他不会奉承我左右的人，所以没有人赞扬他，没有人在我面前替他说好话。于是齐威王在明察之后，召见即墨大夫，重重封赏。

相反，齐威王派人实地考察下来，阿城这个地方治理得一塌糊涂，田地荒芜，百姓贫苦。从前赵国攻占了一个城邑，作为大夫他不去救援；卫国攻占了一个薛陵，作为大夫他竟然不知道。齐威王明白了，之所以阿城大夫能享盛誉，是因为他用重金贿赂了自己的左右，从而不断有人在自己面前说他的好话。齐威王很果断，他也召见了阿城大夫，当天就把他杀了，并将自己左右曾经吹捧过阿城大夫的人也一起杀了。

现代社会是一个信息社会，调查研究，充分掌握信息资源就更加必要。如果我们不了解信息，将会寸步难行。有一个硕士研究生，毕业后他把所有的财力和物力都投入到一项新发明中去。功夫不负有心人，一年后，他果然发明了此项技术，当他满怀信心地申请相关专利时，却被告知，他的这项技术，早在十年前，就已经有人发明过了，因此，他的发明，只是毫无意义的人类重复劳动之一而已。他自己白白浪费了一年时间不算，还带累着家中亲人都成了"负翁"——欠了一屁股的债。

对我们自己而言，强调精细的作风，最重要的是要使自己在学习和生活中成为一个"有心人"。我们就以解题为例，来谈谈这个问题。

假如摆在面前的，是一道数学应用题，我们通常的解题步骤是什么呢？我想是不是应该有这么几步：一审，二想，三选，四解。其实我们解决学习、工作、生活中遇到的各种问题，都是"解题"的过程，大抵都可以照此办理。

"审"就是审题。遇事首先要看看这是个什么性质的问题，已知条件有哪些？需要办理的事项有哪些？要求是什么？这些我们都要搞清楚。

"想"就是思考解决问题的办法。根据平时所学到的知识，把各种可能的办法都考虑到，该用什么"公式""定理"，该坚持什么原则，该怎么样进行推导、运算，等等。

"选"就是优选方案。对于那些可能的解决办法，要进行比较，哪种能够更快、更好、更省地解决问题。这实际是一个决策的过程，我们必须要学会选择，不外乎四个字：权衡利弊。两害相权取其轻，两利相权取其重，利害相权取其利，从而实现效率、效益最大化。

"解"就是具体的实施。办法再好，不实施就是空话。瞄准问题的解决，按照相关的要求，一步一步地推导、运算。一般来说，只要方法对头，公式、定理正确，是能够圆满解决问题的。

第五节　强健的体魄

漫漫长途的人生旅行，茫茫大海的风雨征程，没有强健的体魄是不行的。充沛的体力，旺盛的精神，在任何时候都是重要的。

如果体弱多病、弱不禁风，手无缚鸡之力，成天病快快的，根本无法在社会的大海中畅游。

身体是革命的本钱，这是一句老话，也是一句大实话。身体这个东西，一旦失去了，再多钱都买不回来。有一位领导，在临退休之际的例行身体检查中，查出了癌症，很快便病倒了。部属去看他，他深有感触地说："以前我们提倡拼命工作，现在发现错了。努力工作，但不要拼命。"其实这句话对于我们每个人都适合。对于学生：努力学习，但不要拼命。对于商人：努力挣钱，但不要拼命。是的，努力就可以了，不要拼命。因为，把命拼掉了，对你自己而言，一切就等于零了。所以，有人说，身体是"1"，财富是"0"，没有了身体这个"1"，后面的"0"再多，也还是"0"。

还有一种行为，虽不是拼命，却是在透支生命，这也应该尽量避免。不要以牺牲健康为代价，为青春的无知、无聊买单。比如喝酒应酬的问题。那是一个所谓的职场成功人士，这天是他的生日，一大帮同学和生意场上的朋友来为他贺寿，于是喝酒。平时他的酒量就很大，据说没醉过；过生日嘛，大家都高兴，喝得就更多。他喝得不少了，就剩了几个要好的、酒量特大的还在撑着。终于，在"众星捧月"般的喝法下，他醉倒了。在一帮醉鬼的折腾下，他被送到了医院，然后就永远地去了。

虽然身体只是一个皮囊，但我们还是要珍惜它，爱护它，强健它，因为，不管怎么说，身体都是自己的。一位诗人说："牙疼的时候，便连诗也做不成了。"话虽说得直白，却很实在。再高雅的诗，恐怕在牙疼面前也会落荒而逃的。

我们对身体的珍惜爱护，不是要养尊处优，不是要食疗大补，不是要好逸恶劳，而是要运用适当的方法，保健它的肌体，保持它的机能，使之处于一种良好的状态，并尽可能延缓它的衰退。有人评价当代青少年体质，概括为"硬、软、笨"。硬，即关节硬；软，即肌肉软；笨，即长期不活动造成的动作不协调。这样的说法虽然失之偏颇，但对于现在的一些人来说，的确是存在的。

要注意坚持锻炼。锻炼身体，人人都会，广播体操，眼保健操，体育课上各种各样的锻炼方法。选择什么方法并不重要，重要的是根据自己的实际情况，一个是方便进行，一个是适度适量，一个是长期坚持。这里面最难的是坚持，贵在坚持，难在坚持。大哲学家苏格拉底让他的学生做甩手的动作，每天300个，一周下来，还有一半多的人在坚持；一个月下来，就没有几个人能坚持了；一年下来，坚持下来的人只剩下了一个，那人就是柏拉图。可见坚持之难。我们偶尔起个早床跑两圈，再把"屁股扭扭，脖子扭扭"，短时间还行，但要天天早起床就很难。现在有个现象，老年人锻炼的最多，而年轻人却不喜欢锻炼。这就要引起注意。我们还是要提倡：锻炼身体，从年轻时就开始。

要注意热爱劳动。自古以来，经常参加体力劳动的人身体最强壮。注意，我说的是强壮而不是强健，因为事实上这其中有很多人的身体，因为长期超负荷运转，浑身都是毛病，强而不健。我们要做到强健，就要热爱劳动，适度劳动，量力而行。尊重劳动，从自己做起；热爱劳动，从身边的事情做起。比如家务，比如一般性事务，自己能动手的就自己做，这样对身体也是有益的。古人有"一日不作，一日不食"的说法，就是说一天不劳动，就一天不吃饭，这是对劳动的尊重，也是对身体的锻炼。

要注意科学调理。不可否认的是，我们的身体是需要调理的。科学调理、经常调理的人，身体的机能就会好得多。这就好比一辆车，一架机器，维持运转就需要保养，身体也一样。为此，我们首先要对自己的身体状况有一个清晰的了解，掌握一些医学保健方面的知识，做到自我调理，自我保健。还有比如吃的问题，要注意适当的营养搭配；有条件的话要尽可能进行定期体检，把"毛病"和"隐患"消除在萌芽状态；搞好疾病的科学预防，为身体设置"防火墙"，避免出现大的问题。

要注意生活习惯。身体是否健康，与有没有养成良好的生活习惯有关；比如眼睛近视，就与坐姿、看书的姿势不正确有关。肠胃不好，就与饮食习惯不好有关。所以，在生活中，要从点滴做起，养成良好生活习惯。如：早睡早起；散散步，走走路；多骑车，少坐车；日常生活小事自己动动手；戒烟限酒，不暴饮暴食；还有良好的卫生习惯。这些都是必要的，是对我们身心健康的有益支撑。

第六节　爱的行囊

我们应该对这句话都非常熟悉："做事先做人。"你求学，老师告诉你，为学先学做人。你从政，领导告诫你，做官先做人。你经商，朋友告诉你，经商要学会做人。的确，这就有一种人文情怀在里面，西方哲学中有一个"统万归一"的东西，东方哲学也有一个"万法归一"的说法，那么，这个"一"，说到底就是一个做人的问题。佛家里讲的善，道家讲的道，儒家讲的仁，简单地理解，那就是一个"爱"字。

可见，人文情怀最核心的东西就是爱。爱是心灵不竭的源泉。心中有爱，给不完，用不完，永不枯竭。对世界的爱，对生命的爱，对动物的爱，对人的爱。墨子讲兼爱，孙中山讲博爱，都是这个意思。

爱的直接表现就是善良。善良，这是一种闪烁着人性光辉的优良品质。人们都喜欢善良。这是一种慈悲天下苍生、同情所有弱者的情怀。一位诗人写道："我的善良/可以被欺骗/但不可以被改变/就像/一块金子/它可以被研成粉末/但它仍然是金子"。是的，善良就是金子般的品格。当然，善而近愚却并不可取。东

个人与社会

郭先生和狼，农夫和蛇，这些寓言故事，早已为我们敲响了警钟。

懂得了爱，我们首先就要学会感恩，感谢身边的人，感谢生活，感谢自然，感谢给予我们爱、让我们付出过爱的一切。感恩是对人与事的宽容和理解，是回报他人及社会的一种良好心态。这是爱的交流，这是心的约会，这是美的旋律。所以，法国著名作家卢梭说："没有感恩就没有真正的美德。"

其实，人与人之间是互为镜像的。心中有爱、善良和感恩，你就会看到，生活中的一切都是那么美好，不同颜色的花，不同形状的云，不同类型的人，你都可以从他们身上发现可爱之处，你会与他们和睦相处，和谐相处。当然，你带着"墨镜"看世界，那又是另外一番景象。

有一个老头儿坐在镇外，有陌生人问他："镇里住的是怎么样的人？"

"你刚住过的那个镇子上的人怎么样？"老头儿反问。

"非常可爱。我在那里开心极了，他们非常和善、慷慨、乐于助人。"

"这个镇里的人也差不多。"

另外一个人走到老头儿跟前问他："镇里住的是怎么样的人？"

"你刚住过的那个镇子上的人怎么样？"老头儿反问。

"那是个可怕的地方。他们自私、刻薄，没有一个人愿帮助别人。"

"恐怕你会认为这里的人也是如此。"

这个世界就是这样，你怎么样对待别人，别人也便怎么样对待你。心地善良的人眼睛里看到的是世界最美好的一面，心里感受到的是人世间的温情。反之，内心丑恶的人永远只能看到魔鬼。

爱的行囊，你带上了吗？

第七节　自己的主人

有一位老领导，他给我们上课，谈到他成长过程中印象最深的一句话，那是他母亲常对他说的："你自己想办法吧。"他出身寒微，父母都没有上过学。上小学之后，他在学习上就常常遇到各种各样的问题，他拿着题去问母亲，母亲却只能摇头，她想帮他，非常想，但确实帮不了，只好对他说："你自己想办法吧！"于是，他只能自己想办法，这成了他的一个习惯：遇事自己想办法。我想，这也是成就他事业的一个根本原因吧。

遇事就要自己想办法，学习上是这样，生活中、工作中也是这样。有一个高中同学，他在学校的日常生活维持在一个中等水平左右，大家都以为，他的家境在当地农村至少也算比较富裕的。他考上大学之后，一些同学到他家去玩，才发现，其实他的家境一点儿也不富裕，他的学费、生活费严重不足，都是他自己想办法挣来的。学费，那是他每年利用寒、暑假，从乡镇买菜用自行车拉到城里去卖，做小菜生意挣的，交学费之外还有节余补贴家用。生活费呢，他是这样解决的：当时有些城镇的同学，每到月底的时候，零花钱就不够用了，便开始低价卖出饭票以供零花，他就把这些饭票买来，向家住农村的同学换米，然后把米拿到农贸市场上去卖，赚取差价，算起来这笔收入还不小。

自己的问题自己解决。我们要做自己的主人，不要做命运的奴隶。在西方哲学中，就有奴隶道德与主人道德的说法，其实讲的就是一些人身上存在的"奴性"问题。从社会进化的角度看，奴隶早已在社会历史的舞台上消失了。但认真想来，有"奴性"的"奴才"却不少，鲁迅就曾批判过这种奴性。

奴才的悲剧在于：命运从来都不是掌握在自己手中的。有一个小故事讲得好：一个人打牌赢了钱，一开门，家里养的小猫就到他脚边蹭来蹭去，他一看，觉得小猫真乖，一高兴就喂了它好几条鱼。又有一次，主人打牌输了钱，进门时小猫又到脚边蹭来蹭去，可能想着还会有鱼吃，但没想到今天主人不高兴，后果很严重——小猫被一脚踢飞了。

所以，我们要自己掌握自己的命运，自己对自己负责。

首先，我们要自重。自重，就是要自己重视自己，自己尊重自己，自己爱惜自己。每一朵花，都有不一样的芬芳；每一个人，都有自己的个性。我们每一个人都是造物主独一无二的作品，我们之所以是自己，正是因我们拥有属于自己的姿态，拥有属于自己的思想、性格和行为方式。如果仅仅因为别人的喜好而丢失了自己的个性，戴上了世俗的面具，过着模式化的生活，那是多么可悲且可怜的事情啊！生活不能拷贝和克隆，虽然从技术上来看，这是可能实现的。拥有自己的个性，即便他并不完美，但这是真正的自我。这是生命赋予我们最珍贵的权利。"我需要改变自己，但在我还没有拿定主意之前，请不要逼我。"哲人如是说。

其次，我们要自知。要搞明白"我是谁？"的问题，搞准确自己的坐标，搞明确自己的方向。现在有一个词很流行：方位。顾名思义，就是方向和位置的意思。我们来到这个世界上，非常有必要搞清楚自己的方位，这是我们的人生坐标，也是起步的基点。同时，"金无足赤，人无完人"，每个人身上都难免有缺点和不足，又都生活在变化、发展着的社会环境中，人的思想、行为也会随之发生变化。这就要求我们既要认识自己的优点和长处，又要认识自己的缺点和不足，时时、处处检点自己的思想和言行，始终把握正确的人生航向，努力使自己臻于完善。这样才能扬长避短，不断进步。在这方面，我们学过的一篇课文《邹忌讽齐王纳谏》，其中的邹忌和齐王很值得我们学习。

第三，我们要自强。古代思想家老子有句名言："知人者智，自知者明，胜人者力，胜己者强。"所谓胜己者强，意思是说，能够战胜自己的人，才是真正的强者。自强的第一要义，应该是战胜自己。战胜欲望，就会变得超脱；战胜浮躁，就会变得宁静；战胜虚伪，就会变得坦诚。总之，要瞄准自己的弱点，盯住自己的短板，在不断的自我挑战、自我净化、自我超越中，实现人格的升华，使自己永远立于不败之地，成为战胜自己的真正强者。

第二章 大海中的游泳术

　　站在社会之海的海滩上，面对如诗如画、如梦如歌的风景，一切都让我们觉得陌生而又亲切，汹涌的波涛也有着无穷的魅力。然而大海却并不总是风平浪静，并不总是风和日丽，它有暗礁、有风雨、有潜流，有种种可知不可知的诱惑与危险。

　　"弄潮儿向涛头立，手把红旗旗不湿。"在我们满怀憧憬、跃跃欲试之际，你可曾想过：我们凭什么在社会上立足？靠什么在人海中立身？

　　靠父母亲友吗？父母一天天地老去，他们帮不了你；亲友也有他们自己所面临的各种困难和问题，他们可能正等待着你的帮助。

　　靠美貌长相吗？长得美一点当然是好事，办事相对来说要容易一点；但好花不常开，好景不长在，韶华易逝，岁月无常，青春这碗饭能吃多久？况且，傻瓜是不分美丑的，与丑陋的傻子相比，美丽的傻子恐怕更危险。

　　靠运气吗？这个世界上最不可靠的东西就是运气了。这就像买彩票，中大奖的人当然有，但不会多，而且往往不是你自己。

　　靠人们的同情与帮助吗？那样与乞丐何异？人们有同情与帮

助你的可能，但没有这个义务。同时我也相信，这不是你所想要的生活。

……

靠天靠地不如靠实力，信神信鬼不如信自己。

没错，最可靠的人就是我们自己！很多时候，我们只能靠自己。在社会生活的茫茫大海中，要生存，要成长，要发展，我们就要熟练掌握大海中的游泳术。把自己变成"浪里白条"，能够在风吹浪打中来去自如，能够在波涛汹涌中凌波微步，能够在潮起潮落中逍遥畅游。否则，我们就要呛水，就要被淹没，就要成为时代的牺牲品。

古人讲："道可道，非常道。"又说："法无定法。"大海中的游泳术，是"运用之妙，存乎一心"的东西。不管是蛙泳、蝶泳，还是猪拱、狗刨，只要游得自在、游得舒服就好。但其中虽无一定之规，却有相通之理，我们还是有必要掌握一些大方向和大原则。

第一节 生存第一

有一只小鹰，它学会了翱翔蓝天，学会了抗击风雨，但它没有学会捕食。最后，它饿死了。

曾看过一篇文章，是一位奥数金牌获得者的老师写的，他写道，他陪学生到国外参赛，赛前在宾馆辅导学生的时候，那名学生突然烦躁不安地在房间里走来走去，也不知道要干什么。他赶紧给学生的父母打电话，学生的母亲听他说了情况后，恍然大悟，叫来那名学生接电话："儿子，你该上厕所了。"这篇文章让人深深地震撼，我想到了那只饿死的小鹰。

还有一位记者写的纪实稿，题目是"中日夏令营里的较量"，讲的是一次中日学生一起参加草原探险夏令营的事。文中说，1992年8月，77名日本孩子来到内蒙古，与30名中国孩子一起举行了一个草原探险夏令营。中国孩子病了回大本营睡大觉；日本孩子病了硬挺着走到底。中国学生在野外，什么都不会干，什么事都要找老师帮助，有的甚至根本就啥也不干；而日本学生却会干、愿干、主动找事干。特别是野炊宿营之时，日本孩子炒菜做饭，得心应手，并礼貌地请老师共进晚餐；而一些饿着肚子的中国孩子只能向领队哭冤叫屈。然后作者深感痛心地说："全球在竞争，教育是关键。假如，中国的孩子在世界上不具备竞争力，中国能不落伍？"从记者描述的情况来看，我们可以想象，这应该是实情，当然问题可能没有这么严重。但如果这不引起我们的重视，的确是很危险的事情。从1992年到现在，十几年过去了，情况有多大的好转，我们大家的心里都清楚。

我们从小接受的教育是，要听话，要用心读书，其他事情不用管。所以我们大多是乖孩子，大多学习成绩很好，据说如果考试的话，全世界的孩子能考过中国学生的不多。这种方式就称为"应试教育"，于是才有了"分，分，分，学生的命根；考，考，考，老师的法宝"这样的说法。

与应试教育相对，这几年讲素质教育比较多。应试教育就不能提高素质？素质的标准由什么来评估？显然，说来说去还是要考试，现在的音乐考级、美术考级、钢琴考级、英语考级、计算机考级，还有考雅思、托福，哪一样不需要考试？所以说考试这种方式本身并没有什么错。而且，通过考试上大学，然后就业，这毕竟是大多数人的出路。这也是相对公平的一种选择。当年，恢复高考，影响了多少人的命运。

但我感到，我们以前的教育还是存在一些问题，最重要的一点是：我们的校园和社会被分隔开了，我们的生命教育、生存教育有所缺失。这些年情况有了一些改观，但没有从根本上得到扭转。

前些年发生过一件事，引起了广泛的关注和讨论：一个女硕士研究生即将毕业，去搞社会调查。在火车站认识了一位据说是山里出来的大姐，于是那位大姐带她回自己的家乡去搞社会调查。结果，这位女硕士被拐卖了，三年之后，她终于有机会和导师联系上，又历经波折，才被解救出来。那位所谓的山里大姐，真实身份是人贩子。值得一提的是，这人小学没毕业，她说了一句发人深省的话："没想到这个研究生这么好骗。"

读书当然是重要的，说学习是学生的主要任务，这没错。但是，读书不是学生生活的全部。学生需要掌握的知识，要放在社会大背景下来考量。近年来的教育，增加了挫折教育、安全教育、生活常识教育等内容，比如防火防盗防骗的训练、野外生存的训练、学生军训等，这些就很好。

动物园里的野兽，长大后放归山林，即使是凶猛的狮子老虎，也只有饿死的份。自然界讲"丛林法则"，我们当然不能单纯地把社会看作丛林，但它的确充满了危险和竞争。如果读书读"迂"了，读"死"了，读成"四体不勤、五谷不分、六根不敏、七窍不通"的人，怎么能在社会上立足？

总之，我们的学习，必须要把社会和学校联通起来，提倡学生适度参与社会生活，既弄清书本上的规定原则，又弄清社会上的通行法则；既掌握科学的技术，又掌握生活的艺术；既有书本知识的学习，又有社会生活的实践；既掌握丰富的理论知识，又有很强的动手能力。因为，我们最终都将成为一个社会公民。

第二节　我是学生

王蒙先生在《我的人生哲学》中，对自己的人生有这样的定位："我是学生。"这让人感动。一个大作家，一个大学者，一个大领导，他始终保持着一个学生的本色——学习。在下放新疆的时候，他坚持学；在人民文学当主编的时候，他也坚持学；在文化部当部长的时候，他还坚持学。我想他确实无愧于"学生"称谓。

我认为，王蒙先生是一个真正的"得道高人"。他的学问才华、人品官德俱佳，却并不迂腐，而是左右逢源，为世人称道。他为什么会取得如此的成功呢？我分析过他的一些作品和文章，包括他的自传和《我的人生哲学》，我得出的结论是，秘诀就是这四个字："我是学生！"无独有偶，一代伟人毛泽东也曾说过"甘当小学生"的话。

看来，当好学生就不简单。怎样当好一个学生呢？我想要做到三方面：志于学，勤于学，善于学。

1. 志于学

孔子曾经说过："吾十有五而志于学，三十而立，四十而不惑，五十而知天命，六十而耳顺，七十而从心所欲，不逾矩。"他还说过："朝闻道，夕死可也。"这些是《论语》中的话，可以从不同的方面加以解读。如果从学习的角度来讲，我们可以这样理解：志于学是人生的基础，有向学之志，有好学之心，有勤学之举，人生才能一帆风顺，才能走好人生的每一个阶段。当然，现在的小孩上学比较早，从幼儿园算起，需要改成"吾三岁而志于学"。这也就印证了现在常说的一句话："活到老，学到老。"这样一看，学习太重要了，这是一个基础工程、系统工程。

在改革开放之初，曾流行过一段时间的"读书无用论"，中心思想就是不读书，不学习，照样可以有很好的工作，可以挣钱过上好日子。再早以前，还有"知识越多越反动"的说法。一个最重要的论据就是"我们大老粗照样打江山、坐江山"。

事实上，我们的开国将帅们是不是"大老粗"呢？据统计，我军10名元帅，有9名经过军事院校学习或为知识分子出身，其中有5名曾出国留学；10名大将，有9名经过军事院校学习或为知识分子出身，其中1名出国留学；57名上将，有51名经过军事院校学习或为知识分子出身，其中5名出国留学；177名中将，有123名经过军事院校学习或为知识分子出身，其中7名出国留学；1359名少将，有823名经过军事院校学习或为知识分子出身，其中24名出国留学。

这里我们要注意，开国将帅们都是非常爱学习的。毛泽东常说："在战争中学习战争。"那些曾经的"泥腿子"，经过战火硝烟的洗礼，经过实践中的学习，早就不再是当初的"大老粗"了。所以，我们千万不能认为："不学ABC，照样干革命。"在任何时候，掌握相应的知识，总是必要的。

社会发展到现在，进入了社会主义市场经济时期，学习还有那么必要吗？我的回答是，越是市场化，越要知识化。以前读书人的出路只有一条："学得文武艺，货与帝王家。"那是一个单纯的买方市场，你根本就没有讨价还价的余地。现在是市场经济，你的知识，你的能力，要接受市场的检验，接受社会的检验；同时，你也有了选择的自由，双向选择，公平公道。我觉得一个健康的市场经济，就应该是知识经济、文化经济、信息经济。

说到底，志于学，就是要热爱学习，自觉学习。具体而言，要注意两个问题。

一是要培养学习的兴趣。人们往往对能给自己带来欢乐的东西更感兴趣。我们就是要从学习中找到快乐。比如看小说，你不用给他定任务，他也会很积极，因为看小说可以给他带来快乐。我们就是要提倡这种快乐学习法，文史哲、数理化，每门功课都蕴含着自己的美，都有我们的"兴趣点"，只要学进去，我们就会找到。

二是要养成学习的习惯。要养成一种坐得下来、静得下心、思得进去的学习习惯，做到终生与书为伴，有效阅读、有效运用。学习其实是一种需要，因为它可以帮助我们解决问题。比如你想创业，办一个公司，那么，创业有些什么注意事项，办公司的程序是什么，《公司法》有什么规定？相关的知识，你都要搞明白，这就需要学习。而你咨询的过程，查阅资料的过程，就是学习。我们就要养成通过学习来寻找答案的习惯，思想上的困惑，工作中的疑难，不懂就问，不懂就学。虽然"不唯书，不唯上，只唯实"是值得倡导的一种精神，但大多数时候，书本上的东西还是有用的，至少它可以提供给我们一个基本思路，以资借鉴。

2. 勤于学

知识是老老实实的学问，来不得半点虚假与投机取巧。"疱丁解牛""胸有成竹""卖油翁"，这些讲的都是一个道理：无他，但手熟尔。你必须要经过勤学苦练，目无全牛，了然于胸，才能做到得心应手。什么时候都需要认真地学，努力地学，应知应会的，该记的记，该背的背，该看的看，把功夫和时间都下到里头，这样才会有所收获。

有些事情是不能偷懒的，不然就会付出沉重的代价。有一位将军，1979 年对越自卫还击作战之时，他是侦察排长，除他之外，排里还有 13 名同志。训练的时候，他要求最严格，比如射击，主要内容是瞄准，但他却让每名战士在枪口挂上装满水的水壶，甚至吊一个砖头在枪口上，有些战士累得直哭。但在他的调教下，个个都成了神枪手。后来，他带着排里的兄弟们上了战场，每次都能很好地完成任务，几年下来，13 名战士无一死亡，并且无一例外的立了功、提了干。

训练如此，学习也如此。我读中学时老校长的儿子，他考上了四川大学，并被保送读研，后来出了国。大家都夸他聪明。在他读研期间，我们上高三，有一天，他的母亲，即我们的化学老师，叫在家休假的他来给我们谈一谈学习的体会。他说，从小大家都说他聪明，其实只有他自己知道，他和班里的同学相比，根本就没有过人之处，甚至很多人都比他强。但他想到自己的父母都是老师，如果考差了就会被别人笑话，于是他特别地努力。这才是真正的"秘诀"。当然他也介绍了很多学习方法，但最后他说，最根本的，是要真记，真背，真学。为了学好英语，在他家的房间里，到处都是他记英语单词的纸条；考大学的前半年，他每天只能睡五六个小时。无独有偶，我读到过一篇肖复兴写的文章《聪明只是一张漂亮的糖纸》，他的儿子小铁，也有过类似的经历。

国际上著名的恐怖小说大师斯蒂芬·金，在没有什么可写的情况下，每天也要坚持写五千字。这是他早期写作时，他的一个老师传授给他的一条经验。"书山有路勤为径，学海无涯苦作舟"，勤学苦练，这是学习的不二法门。

3. 善于学

学习需要勤奋，但并不是说，学习就没有方法可言。我们看一些同学，同样是具有刻苦精神、花费同样的学习时间，学习的效果却往往会有所不同。那就涉及如何学习的问题，也就学习的方法问题。

学习的方法，各种书籍介绍的很多。比如，目标任务学习法，睡前"过电影"学习法，十五分钟记单词法，等等。每一种方法都不错，我们要理解其中的"中心思想"，再根据自己的实际情况，有选择性地加以运用。

"世事洞明皆学问，人情练达即文章。"善于学习的人，总是既善于从书本上学习，又善于从实践中学习；既善于从自己的实践中学习，又善于从别人的实践中学习，甚至从聊天闲谈中也不放过学习掌握知识的机会，可谓处处是课堂，人人是老师。善于学习的人，还要把学习的东西加以整理、分析和消化，真正把书本上的东西变成自己的东西。

学习还要处理好专与博的问题，我认为要博学专攻。我们读书的目的，不外乎为了生存、为了发展、为了兴趣。兴之所至，怎么都好，专博不论。但是，为了工作的需要，为了掌握知识的需要，就有必要处理好专与博的关系。大学里，一个本科生要学的课程就有四五十门，是不是每一样都有直接的效用呢？可以肯定地说，不是。但是，学科的系统性，知识的联系性，它总是有用的，却是可以肯定的。所以，从整体上看，专与博，两者不矛盾，而是相辅相成的，博是相对的博，专也是相对的专。但更进一层来说，博是为了专服务的。现代社会，通才、全才，其实是很少的，越专越容易精。有了一定的基础，不肯在博上下工夫，则专难以提升到新的高度；离开专业和主攻方向，四处开花，乱读一通，乱学一气，博就变成了杂，难以在专业上有大的成就。

现在的高中学习，实行的是文理分科。那么，学文科的，就有必要懂点理；学理科的，也要知道点文。身为华中科技大学教授的杨叔子有一次在畅谈机械学如何与人文相结合时提到，自己很早就要求博士生背诵《老子》和《论语》前七章，他说："堂堂一个博士生，连经典文集都不了解，还有必要学其他知识吗？"
杨叔子教授对博士生的这个要求始于 1997 年，当时他卸任华中理
工大学校长职位，全身心投入到研究生的培养上。他向学校提出，
1998 年随他就读的博士研究生，在 2001 年上台答辩前先要背
《老子》；1999 年入学的博士生，还要增加背《论语》前七章。
过不了《老子》和《论语》关，休想从他手里毕业。杨叔子说，
他希望搞理工科的人能增加点"文人气"，让思维发散；学人文
的也要学一点理科知识，防止思维"不着边际"。文理兼修，并
不会有冲突。

第三节　成功之母

我们都熟悉一句话："失败是成功之母。"不过请大家仔细想
想，真的是这样吗？

有很多人，一生经历无数次的失败，最终也只是碌碌无为、
浑浑噩噩地过了一生。他们的失败，没有为他们带来辉煌的成
功，而是带来了无休止的失败。看来，失败并不能必然的带来
成功。

那么，成功是成功之母吗？也不是，有些成功往往带来可怕
的失败，甚至死亡。我们知道荣智健，中信泰富的老总，短短的
十余年时间，数度辉煌，创造了一个又一个的财富神话。但正是

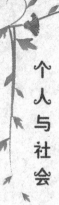

这些成功，孕育了失败的种子，导致了中信泰富的不归之旅。具体到某个人来说，"成功是失败之母"倒是说得通的。

那么，成功之母究竟是什么呢？按照我的理解：应该是思考总结！

失败的人可能一败涂地，事事无成；成功也可能一帆风顺，事事如意。失败和成功之间没有必然联系。但二者是可以联系起来的，那就是通过思考总结。巨人集团的总裁史玉柱，他曾奇迹般的崛起，又像恐龙那样轰然倒下，从此他背负了巨债。他坦承了自己的所有错误，进行了认真思考与总结。后来他又重新站了起来，还清了所有债务，成了教父级的总裁。他的品牌我们不会陌生，那就是脑白金和脑黄金，还有黄金搭档。他那样经历过起起浮浮的人，更有资格谈人生，谈失败，谈奋起。

失败了，想想为什么会这样，把原因搞清楚，避免可能发生的再次失败。成功了，也想想为什么，把经验总结出来，以资借鉴，迎接更大的成功。总之，不能"盲人骑瞎马"，稀里糊涂地过日子。据说牛顿提出万有引力定律，是因为他在苹果树下散步时，一个苹果正好掉下来砸在他脑袋上。但是，这个苹果砸中的，是一个爱思考的脑袋，这才有了万有引力定律，否则，就是把脑袋砸出一个大包，也不管用。还有我国的鲁班，那是木匠的祖师爷。有一次他上山伐木，手被草割破了。柔弱的小草怎么能割破手呢？由此，他发明了锯齿，伐木的效率提高了好多倍。善于思考的人，总能从生活中、工作中、学习中思考总结出属于自己的东西。

最早完成原子核裂变实验的著名物理学家卢瑟福有一天晚上走进实验室，当时已经很晚了，他的一个学生仍俯身在工作台上，他便问道："这么晚了，你还在干什么？"

学生回答："我在工作。"

"那你白天干什么呢？"

"我也在工作。"

"那么你早上也在工作吗？"

"是的，教授，早上我也在工作。"

于是卢瑟福提出了一个问题："那么这样一来，你用什么时间思考呢？"

工作是重要的，但没有思考，就成了盲目。我们都知道，要用手脚办事。但我们更要知道，还要用脑子办事。因为，真正的财富，真正的成功，都是头脑创造的。勤劳的双手，只有和智慧的头脑结合在一起，才能创造神话。

有一个德国工人，在生产书写纸的时候不小心弄错了配方，生产出一大批不能书写的废纸。他被扣工资、罚奖金，最后还遭到解雇。正当他灰心丧气的时候，他的一位朋友提醒他，让他仔细想一想，能否从失误中找到有用的东西。果然，他很快认识到，这批纸虽然不能做书写用纸，但是吸水性能相当好，可用来吸干器具上的水。于是他将这批纸切成小块，取名吸水纸，投入到市场上后，相当抢手。后来，他申请了专利，成了大富翁。

第四节　立身之本

有一个人死了，他的魂魄到天堂去报到。天使对他说："我们这里只有一种人会受到礼遇，那就是有技术、能够为他人服务的人，请问你会点什么？"

他说："我是国王！"

"我没有问你是什么，我只想知道你会什么！"

他又说："我有钱！"

"我没有问你有什么，你只需要回答会什么！"

他想了想，又说："我会吃喝玩乐！"

"食色性也，人人都会的东西不算什么技术。你再好好想想。"

他只好回答："其他的，我确实什么也不会了！"

天使说："那就对不起了，只能请你进地狱。不过，下回投胎转世的时候一定要记住，你总要会点什么才行！"

是的，万贯家财，不如一技在身。我们来到这个世界上，不能总是向社会索取，不能总是让他人为你服务，还是要为社会、为他人做点什么。这就需要我们掌握一定的本领，这是人生在世的立身之本，否则，我们的人生就失去了存在的意义。

这个社会需要好人，但仅仅做一个好人是远远不够的。我们还需要能人，能够用自己的本领，为社会、为他人作贡献的人。试想，一个医生，尽管医德高尚，却对病人的病情误诊误断、错开药方或频频发生手术过失；一位教师虽然满腔热血，却讲不了课，教育不了学生，那怎么能让人满意？

有一个工人，以前经常被评为先进个人，打扫卫生很积极，遵章守纪，尊敬领导，团结同志，不迟到，不早退，像老黄牛一样早出晚归，洒扫庭除，再过几年就可以安稳退休了。但是，单位改制，他被列入第一批下岗人员的名单，他感到很不服气，去找新来的领导。领导对他说，我知道你是一个好人，但对不起，我更需要能人。我们这个单位之所以会到今天这个样子，就是因为好人多而能人少啊！"能人所不能者，地位才最稳固。"做任何一个职业，都需要在本职岗位上有所表现，如果你的岗位是可有可无的，你的技术是普普通通的，那么，你的地位就是可想而知的。

新中国成立初期，陈毅元帅到上海市当市长，一位跟随他多年的工作人员向他抱怨：上海这个地方太复杂了，工作不好做。陈老总笑了笑，问道："有一口井，打不上水来，我们是该怨绳短呢，还是该怨井深？"这位工作人员恍然大悟："当然是绳子太短了。"从此，这位同志注意加强学习，从实践中摸索总结经验，很快就把工作做得有声有色。

绳短莫怨井深！陈老总化用"绳短汲深"的典故，可谓十分精当。井的深浅一般情况下是固定的，是不以人的意志为转移的，要想从井里把水打上来，我们需要的是一条足够长的绳子，如果绳子短了，就要想办法把绳子加长。工作上也是这样，要想用"素质之绳"，打上"成绩之水"，就要求我们有很强的自身素质。只要我们的素质强了，再深的井也难不倒我们。

第五节　多为少善，不如执一

很多人都想成为全才、通才，事实上这是很难的。我不敢说这绝对不可能，但这样的人确实不多。我们不是万能的上帝，不想要成为"全能选手"，也不要怕自己有缺陷、有不足，人无完人，每一个人都会有自己的不足之处。既然不可能弥补自己所有的短处，与其这样，你不如尽力发挥自己的长处。用心找到自己的所长，一生做好一件事，就非常不错了。如果分心走神，什么都想做，结果往往是什么都做不好；或者是小事不愿做，大事干不了，最终一事无成。

据《南方周末》载，2004 年 12 月 3 日，世界级的数学大师、微分几何之父陈省身先生，以一个非常圆满的成功人生告别了人世。杨振宁称他是历史上的第五位杰出人物。陈省身先生自己说过，他一生只做一件事，那就是数学。他从中国到德国，后来到美国，最后又回到祖国，从 20 多岁走上数学之路到 93 岁去世，他就是干数学这一件事，搞了 70 多年，专心致志，取得了极大的成功。他晚年住在南开大学，住所取名为"宁园"。他这样说过："我一般不参加别的活动，只做我的数学。我现在这个住所叫宁园，就是这么个意思。一个人一生中的时间是一个常数，应该集中精力做好一件事。中国人浪费时间的事太多。"后来，我到网上查过陈省身先生的相关资料，诚如陈先生所说，他的一生都围绕着数学在做工作。陈省身先生 1911 年生，浙江嘉兴人。他 1930 年毕业于南开大学数学系，受教于姜立夫教授。1934 年获清华大学硕士学位。同年入德国汉堡大学随布拉施克教授研究几何。1936 年获博士学位。由于他对整体微分几何的深远贡献，被公认为"20 世纪伟大的几何学家"，先后获美国国家科学奖章、以色列沃尔夫奖、中国国际科技合作奖及首届邵逸夫数学科学奖等多项荣誉。

　　这里，我想起了乐山大佛的传说。见过乐山大佛的人，都会为大佛的雄伟叹为观止。传说是这样的：佛像雕刻大师有二徒，师弟是远近闻名的能工巧匠，师兄却一直默默无闻。数十年后，功成名就的师弟去看望穷困潦倒的师兄，一杯浊酒喜相逢，师弟坚持要看一看师兄这么多年的作品。师兄一辈子的作品只有一件，他把师弟带到后山，便见一座山一座佛，这就是乐山大佛。师弟大惭，自认所有的作品加起来也比不上师兄的这件，他纵身跳进了山下的滚滚江水之中。

虽是传说，但我却宁愿相信这是真的。前段时间，电视里播出了传奇故事《爱情天梯》，讲的是一对隐居深山的老夫妻，丈夫为了妻子方便，用几十年时间凿出了六千多级石阶。这是一个真实的故事，感人至深。坚定地为着一个目标，每天有每天的收获，随着时间的积累，量变带来质变，我们的成就就会非常大。

在中国，类似的例子还有很多，譬如曹雪芹写《红楼梦》。十年写一本书，还没写完，但有谁敢说，他超越了《红楼梦》的高度？现在这个"e"时代，有些人一年写几部长篇小说都不是问题，但真正有影响力的作品有多少？还有李时珍，用几十年的时间撰写《本草纲目》。为此，他读过八百多种医书和各方面的参考书籍，以及大量的单方、验方，写下了大量的医案、读书笔记。由于他的征引浩繁，很多珍贵的古籍资料才得以保存下来。他在研读、撰写过程中，发现诸家说法不一样的地方甚多，互相矛盾。怎么办？他的办法是实践。于是，他翻千重山，奔万里路，不辞劳苦地对所需研究的药材"采视""亲尝"，有条件时还亲自栽培、炮制、炼制，从而鉴别考证了历代记载的药物一千多种，去误存真，重新作出科学结论。他在《本草纲目》这部书还增辑了新药物三百多种，新方八千多条，丰富了医药学的宝库。一生中能写出这样一本著作，也就足够了。

王蒙在《我的人生哲学》中说："天才即集中时间、集中精力"。你看，天才就这么简单。如果愿意，持之以恒，你也可以成为天才。集中精力的关键在于投入，投入才能获得愉快。看一场球就想自己去打一场，做一顿饭一定做得有色有味，进行一项实验就废寝忘食，写一篇文章会忘乎所以，让一切都显得那么吸引人，那么有趣味。

当然，我们讲"执一"，并不是说"一招鲜，吃遍天"。在任何时候，提高自己的综合素质都是必要的。这里有一个著名的"木桶原理"。木桶是由一块块木板拼装而成的。后来人们根据木桶的特点，提出了"木桶原理"，即把人的各种素质，都看做木桶上的一块块木板，而整个木桶的容积，即人的综合素质，不是取决于最长的木板，而是取决于最短的那块木板。"木桶原理"告诉我们，要使自己能够全面发展和提高，必须注重提高自己的短板，否则盛不了多少水。与"木桶原理"相似的，还有一个"链条理论"。链条的断裂，总是从最弱的那一环开始的。由此，如果我们的素质不够全面，综合素质就会大受影响，人生的发展也会受限。

第六节　擦亮你的眼睛

很多人看过"三维立体画"，有时半天也看不出个所以然，久之，却豁然开朗。社会其实比三维立体画复杂多了，更需要我们用心观察，用心体会。

有一首歌中唱道："借我借我一双慧眼吧，让我把这纷扰看个清清楚楚明明白白真真切切。"是的，人生的许多事情总是让人难以看清、看透，但又有谁能借你一双慧眼呢？你只能依靠自己，自己擦亮自己的眼睛。

我们到庙里去，看那些菩萨，在两只眼睛之间，还有第三只眼睛，叫做"智慧眼"。据说人人都有第三只眼，只是要修炼到一定的程度才能视物，叫做"天眼通"，可以看到别人看不到的东西，看到天上、地下，看到过去、未来，很神，很玄。事实当然不可能是这样。但我想，人人的确都有一只"天眼"，那就是我们的头脑，我们的智慧。如果有了一定的修养，我们就能够从"已知"看到"未知"，从表象看到实质，看到别人看不到的"背后"的东西。其实，这就是一个眼光的问题，就是一个分析判断能力的问题。

眼光问题，是一个非常重要的问题。香港回归之前，很多资产撤走之际，李嘉诚不仅没有撤资，反而加大投资力度，在香港、内地买入大量的房地产，结果赚了个盆满钵满。为什么？那是因为他看清了历史发展的大势，看清了中国的实力。"股神"巴菲特、索罗斯，他们凭什么赚钱？那就是因为他们都有一双敏锐的眼睛，把股市、股票看得很准。

李嘉诚、索罗斯离我们可能远了一点。但日常生活中，我们也会面临辨别是非、分清善恶、识别真伪的问题，那仍然需要眼光。就拿我们将来谈恋爱、找对象来说，如果没有眼光，没有看准，那就可能毁了自己一生的幸福。

这里还有一个找工作的例子。两个人一起到城市里找工作，看到城市里到处都是人，其中一个心想："这应该是商机所在，只要人多的地方就好挣钱，机会就多，我一定能赚到钱。"另一个人看到了这一景象，十分懊恼地说："这么多人的地方，哪有我挣钱的份，还是回家种地好了。我要想闯出一片天，简直是不可能的。"数年以后，前者已是城里的白领，而后者仍在家乡的农村碌碌无为。造成这一分别的，便是他们当初的眼光。

把问题看准，首先就要选准看问题的角度。很多人到张家界去游玩过，那里奇山怪石，一步一景，天然造化，鬼斧神工。但有一些特定的景观，你必须要到相应的位置上去，才能看到胜景奇观。这些地方往往设个观景台，摆个照相摊，有些还要收费。我们看问题的时候，就要从不同角度都看看，然后找到它的"观景台"，选准最佳位置进行观察分析。

把问题看准，重要的是分清真伪。哲学里常讲真相和假象。我们的任务就是要学会观察、分析、判断，从迷雾中看到阳光，从假象中探寻真相。很多同学都喜欢看侦探小说，比如《福尔摩斯探案集》，它之所以吸引人，就是因为事情越来越复杂，需要我们的主人公不断地进行逻辑推理和分析判断，最后拨云见日，找到事情的真相。

不管社会有多么复杂，我们只要记住一点：是假的，总会有破绽。凡读过《西游记》的人都非常熟悉这一情节："齐天大圣"孙猴子，那时他还只是美猴王，还没有叫孙悟空。他大闹天宫之后，玉帝震怒，派了很多天兵天将，但他们都不是老孙的对手。于是二郎神出阵，大战不知多少回合，不分胜负。结局呢？孙猴子走投无路，最后变成了一座庙，嘴巴变作庙门，牙齿变作门扇，舌头变作菩萨，眼睛变作窗棂，只有尾巴不好办，那就竖在庙后，权作一根旗杆。正是这一破绽，被二郎神识破，加上太上老君助战，把他给捉住了。最后如来佛主出面，把他给压在了五行山下。一位伟人曾经说过："再狡猾的狐狸也会露出尾巴的。"看来，这句话对于猴子一样适用。

事实上，孙悟空自己也有一双火眼金睛，很厉害。你看，孙悟空三打白骨精，非常精彩。在唐僧的眼中，这是三个人，村姑、老太婆和老头子。但孙悟空因为有火眼金睛，看得非常清楚。不管它怎么变，本质没有变，那就是一个妖怪。我们也要向孙悟空学习，练就一双火眼金睛，任他七十二般变化，都逃不过我们的眼睛。

第七节　并不简单的说话

人是社会的人，要与人交往，那就免不了要说话。看来人人都有表达自己的意愿，婴儿牙牙学语之时，就会用哭闹、尖叫和笑声来表达自己不同的感受。

有嘴巴就要说话，这似乎是最简单不过的事了。但是，说话却并不是那么简单的事。同样的话，在不同的时间、场合说，由不同的人，用不同的方式说，效果就不一样。明太祖朱元璋，他出身寒微，当过小乞丐、小和尚，后来起兵打天下，在南京城登基做了皇上。有一个小时候一起放过牛的穷朋友一看，心想，哥们儿当皇上了，自己也去试试，看能不能沾点光，于是就到南京来找他。朱元璋很念旧情，隆重地招待了他。这小子大概还喝了点酒，嘴上就把不住了，他一边嚼着鸡腿，一边当着众人的面，把朱元璋当乞丐时的那些破事给抖出来了，还喊着朱元璋的小名，嚷道："朱重八，你小子要不是运气好，指不定现在还不如我们呢！"这是哪壶不开提哪壶，朱元璋最怕别人揭他的老底，气得直哆嗦，没多久就找借口把这小子给杀了。而他的另外一个穷朋友，也来找他，也受到了隆重接待，这位朋友酒桌上感激涕零，也说了些小时候的事，但他总结道："不一样就是不一样，皇上他小时候就和我们不一样，那一眼就能看出来！"朱元璋很高兴，还给他封了个不小的官。

在古代，有一种人，叫纵横家，就是靠耍嘴皮子，通过游说君王，或是君王的代理人，比如"战国四君子"之类的人，把自己治国平天下的策略贩卖出去，以求得官职和显赫的地位。战国时的苏秦、张仪，就是当时的代表人物。他们通过自己的嘴皮子，干成了"合纵""连横"的大业，所谓"三寸不烂之舌，强于百万虎狼之师"，说的就是他们。现在来看，商界有种说法叫"自我推销"，其实和纵横家们干的事也差不多，著名的成语"毛遂自荐"就是一种自我推销。其实，无论经商还是做其他工作，自我推销都是非常重要的。特别是对于大学生来说，找工作的本身就是自我推销，没有相应的说话技巧，找工作就要大打折扣。

其实，古往今来，"因言获罪""因言获赏"的事一直就没断过。现在进入了一个全新的时代，这种事情是一去不复返了。但说话注意点分寸、讲点艺术，也还是应该的。所谓"好言一句三冬暖，恶语一句六月寒"，又说"酒逢知己千杯少，话不投机半句多"，这些都是人们日常生活的总结，非常有道理。

那么，我们说话时应该注意些什么问题呢？翻译工作有三条要求：信、雅、达。我想这三条放在说话上也是非常恰当的。

一是"信"的问题。实际上这里应该包括两层意思。第一层是说话的态度要真诚。谈话的实质就是一种沟通，一种交流，你没有一个真诚的态度，对方就会很难接受。在谈话时不应"抢"，更不就"强"，必须多听，精神集中，用柔和的眼光，正视着对方，态度诚恳，语气诚恳；发言时，必须态度和善，谦虚中肯，要给人有好的印象，这本身也表现了你的风度、气质，如此听话者也更乐意接受你的意见。第二层是所说的话要真实。不说真话，付出的成本就会很大。一个谎言，要用十个谎言来遮掩。这话是有道理的，谎言会让你越陷越深。刘亚洲将军在其文集中谈到说真话的三条底线，我觉得很值得我们借鉴。第一条是：能说真话的时候，一定要说真话。第二条是：不能说真话的时候，尽可能保持沉默。第三条是：必须说假话的时候，以不伤害社会和他人为前提。

二是"雅"的问题。就是说话还是要讲点艺术，尽可能地把话说得好听一点，说得有品味、有趣味一点，让人听着舒服一点、易于接受一点。我们这里列了一些说话时需要注意的一些问题，这算是一点技巧吧。

抓住重点，沟通的主题要具体、简明，不能引起歧义，也不能一次几个重点，主次不分，详略不当，这样就达不到沟通的效果。

速度适中，讲话不疾不徐，不要抢话头、出风头。

保持微笑，哪怕你面对的是一些充满敌意的脸，微笑也更能展示你的信心和气质，从而获得尊重。微笑是一个简单的表情，但却充满了魅力。

察言观色，这并不是一个贬义词，所谓"见招拆招"，你需要看对方的反应调整说话的情境。

间接指出对方错误，你需要考虑到别人的感受，然后以一种对方能够接受的方式，把对方的错误指出来。

善用形容词，你要注意运用你的知识积累，通过比喻、排比等修辞手法以增强说话效果。必要的话，来几句诗词也不错，那是卓有成效的点缀。

叫出对方的名字与头衔，是为了表示亲切与尊重，这是完全必要的。

以对方擅长为话题，这是闲聊时需要找的话题，或是正式话题前的"引子"，这不是耽误时间，而是一种必要的铺垫。

注意说话礼貌，礼貌展示的是你的修养和素质，这会令对方感觉舒服很多。

避免滔滔不绝，自己要表达自己的意思，也要让对方有说话的机会。

营造轻松的气氛，一个良好的氛围对谈话的效果会有非常大的帮助。

确认关键性问题，避免日后起纷争。如果没有说明白，没有听清楚，那就再问一次，或是再强调一次，双方确认好，这比日后出问题要好得多。

说话需要技巧，但不能迷信技巧。道理永远比技巧更重要。因为，做人首先不是会说话，而是明事理！知道什么是对，什么是该做，什么样的事情对什么样的人有利，自然就知道说什么话了。中国有名的说客是苏秦，但苏秦说话的本领不重在技巧而重在道理。相反，三国时期的蒋干当时被称作"说遍江东无敌手"，结果却被周瑜玩弄于股掌，他的技巧没有任何作用。

三是"达"的问题。与人谈话的目的，不外是陈述事实、获取对方的意见或表达自己的意见。要做到"达"，也有两层含义：第一层，陈述事实要清。要学会用三分钟说清楚一件事情。效率、效益、效果都在其中。有些人把简单的问题越说越复杂，让人越来越糊涂。有些人再复杂的问题他也能说得一清二楚。其实，说简单也简单，就像我们写消息，学一学参考消息上的写法，西方新闻界强调的五个 W，一个 H，即"WHO，WHEN，WHERE，WHY，WHAT，HOW"，也就是我们所说的时间、地点、人物、事件、起因、结果。相关情况不外乎就是这些东西，这些问题清楚了，事情的来龙去脉也就差不多了。其秘诀在于去闲言客套，句句精要，而又层次分明，先后有序，应该说的话，用最经济的说法，表达出来；不必说的话，一句都不说，这种措辞组织，都要有相当分寸，事前当然要有一番预备的，否则临时应付，肯定会有遗漏，也会有许多不必要的废话。

第二层意思是表情达意，不要造成误会。有一个笑话，讲的就是表述不清带来的麻烦。话说有一个人请客，时间已经到了，可是人还没有来齐，这个人当着众人的面，叹道："哎，该来的没来。"这下让大家受不了，该来的没有来，言下之意，我们来的都是不该来的。有些人很生气的就走了，这位主人拦也拦不住，他摇头叹息道："不该走的又走了。"留下的同志不干了，不该走的走了，就是说该走的没走。这下又走了好几个人。主人家急了：

"你们快回来，我不是说你们。"剩下的几个人也坐不住了，不是说他们，那说的是我们，说我们该走没走，于是全部走光了。本来请客是个好事，却因为主人不会说话，搞了个不欢而散。

说话还包括另外一个重要内容，那就是听话。上天让我们长了两只耳朵，就是要让我们听得更加全面，更加真切，更加清楚。

要学会倾听。倾听，就是带着感情去听，走进别人的内心世界，用心灵沟能，用情感交流。一个倾诉，一个倾听，才是一种平等的交流，入脑入心的交流。有一个典故叫"高山流水知音"，讲的是钟子期和俞伯牙的故事。伯牙善琴，所谓"曲高和寡"，没人能听懂，直到遇到钟子期，伯牙弹起了《高山》《流水》，两人沉浸在高山流水的意境中，如痴如醉。两人道别之时，相约来年再聚，共赏佳曲。谁知一年后，伯牙携瑶琴赴约，子期却已病逝。伯牙于月下弹奏一曲，最后焚掉了瑶琴，终其一身不再弹琴。

要注意兼听。所谓兼听则明，偏听则暗。既要听表扬的话，也要听批评的话。既要听关怀的话，也要听诉苦的话。我们年轻人，面对批评，要冷静对待。如果别人错误地批评了你，不必立即辩解，更不要顶撞别人。正确的做法是，首先冷静下来，告诫自己不要犯类似的错误，然后找适当的机会作解释。当别人明白真相后，他是会向你道歉的，同时他会为你顾全大局而感到欣慰。有些批评即使与自己无关，也不要"事不关己，高高挂起"，应该按照指出的问题认真思考、分析，吸取别人的教训，使对别人的批评成为鞭策自己前进的力量。当然，表扬的话人人爱听，我们更要时刻保持清醒的头脑，正确认识自己，防止在飘飘然中栽跟头。

兼听还有一个好处，可以让我们全面客观地了解事情真相。让我们从"瞎子摸象"这个寓言说起。有六个在路边乞讨的盲人，他们很想知道大象是什么样子。有一天，一个路人牵了头大象走过，他们央求路人让自己摸一摸大象，感觉一下大象的模样，路人答应了。于是，第一个盲人上去，他摸到了大象的耳朵，他把大象想象成了扇子。第二盲人摸到了大象的鼻子，于是他认为大象是条蛇的模样。第三个人摸到了大象的牙齿，他觉得大象原来像弯刀。第四人摸到的是象腿，于是大象成了柱子。第五个人摸到了大象的身子，他觉得大象是堵墙。最后一个人摸到的是象尾，他想，原来大象像绳子。路人走后，他们便开始无休止地争论起来，谁也说服不了谁。

从另一个角度上看，这个"盲人摸象"的典故倒是可以作为兼听则明的一个佐证。从片面到全面，这符合人们认识事物的一般规律。比如说著名物理学命题：波粒二象性。一开始的时候，有人说光是波，有人说光是粒子，但后来物理学的发展证明，两种说法都没有错，光既是波，又是粒子。

回过头来再说"盲人摸象"的问题。他们六个人的说法，具体到某一方面，那就没错，比如说，象耳如扇，象腿如柱。再进一步看，我们把他们的情况综合起来，根据这六个特征，我们头脑中"大象"的大概形象也就出来了。这有点像影视片中的刑侦专家为嫌疑人画像似的，他们并没有见过嫌疑人，但他们会根据目击者的描述，把嫌犯的模样画出来，画得很像，很多案子据此得以告破。

听话还要善听弦外之音。古文名篇《冯谖客孟尝君》，文中讲到孟尝君的食客，有一个叫冯谖的，他到孟府后因为表现一般，受到不公平待遇，但他没有去找孟尝君提意见，而是"弹铗三歌"："长铗归去兮，食无鱼!""长铗归去兮，出无车!""长铗归去兮，无以为家!"孟尝君很会听话，知道冯谖是在闹待遇太低了，同时觉得冯谖这个人有意思，提意见这么有艺术，于是给他解决了车子、房子的问题，提高了伙食标准，给了很优厚的待遇，冯谖留了下来，后来成了孟尝君的得力助手。

第八节　社会通行证

在新世纪之初，流行一种说法，叫 21 世纪的"五大通行证"：电脑、外语、法律、驾驶、写作。从现代社会的需求来看，我觉得我们应该掌握"七大通行证"：哲学、历史、文艺、经济、外语、电脑、法律。其实这些知识、技能，有些是最基本的生存技能，有些是提高生活质量所必需的知识素养。

一是哲学。现在大家一听哲学，似乎有点玄而又玄、深不可测。其实哲学就是人学，是世界观、人生观、方法论，是我们的"总开关"，同时又与我们的日常生活息息相关，是我们处理具体问题的科学方法论。哲学解决的是人生的根本问题，只有解决了这些问题，才能够明明白白做人，心中才有"中心思想"，才能使我们的人生能够达到新的高度、新的境界。

二是历史。历史是割不断的血脉，接通过去、现在和未来。这是不能被割断，不能被忘记的。忘记历史就等于背叛，作为中国公民，历史是我们的根，历史是我们的缘，我们要找准历史的坐标，有一个基本的定位，才能让历史告诉未来，知道中国向何处去，知道世界向何处去，从而走好将来的每一步。同时，历史是一面镜子，它使人深刻，使人智慧，使人有厚重的历史感，增加人生的厚度。人生，既有趣味，又有厚味，还有"盐味"。徐怀谦先生在其历史随笔《历史上的那些人和事儿》的自序中就写道："从历史中打捞一把盐。"历史，从来都不是枯燥的，它的生动，它的具体，让人震惊，也让人感慨。而且，历史总有惊人的相似，任何历史都是一部当代史，它发人深省，它令人深思，它催人奋进。所以，古今中外的历史都有必要读一读，人生的答案在其中，人生的味道在其中，人生的智慧也在其中。

三是文艺。文艺从来都是为人生服务的，没有文艺，世界就会缺乏色彩，人生就会缺乏乐趣。我们不是要让大家都去当什么诗人、作家，或是音乐家、画家，而是要培养一些这方面的修养。有一句名言："生活中并不缺少美，而是缺少发现。"文艺给了我们观察世界的另一双眼睛，它温柔，它善良，它深情。我们不一定都会创造美，但我们应该学会发现美、欣赏美、感悟美，使自己的骨子里多一些灵性、悟性，生活中多一些美感、乐感。

四是电脑。随着信息技术的提高，电脑已是"旧时王谢庭前燕，飞入寻常百姓家"，变成很普及的东西了。这是信息时代的一个标志性的东西，也是大势所趋。一些七八岁的小孩子，玩起电脑也非常熟练。如果现在的中学生，还是一个网盲，还是一个电脑盲，那是非常不可思议的事。所以我们要把电脑技术的学习掌握，作为一门重要的功课。要学会基本的文本处理，会网上搜索查询资料，会上网与人交流，懂点基本的网络安全知识，这些都是现实生活中必需的技能，能给我们带来诸多便捷。同时，电脑、网络也是一柄双刃剑，它也带来了很多的问题。如所谓的"网络综合症"，把现实生活虚拟化了，严重脱离现实生活，只能在"虚拟空间"中过日子，网聊、网游、网购，甚至网恋、网婚，深陷其中不能自拔。还有沉浸"网络游戏"成瘾成癖的问题，严重影响学习、工作和生活。这样就成了一种病态，需要我们坚决防止和克服。我们要成为电脑、网络的主人，不要成了"网奴"。

五是外语。谈到外语，现在有两种极端化的倾向。一种是摆得过高，把它凌驾于所有科目之上，似乎外语就是一切，就意味着出国，意味着高薪，意味着好工作。一种是无所谓的态度。"中国人学哪门子外语呀！"认为学习外语没必要！其实两种极端都不好，我们要给予一个适当的定位，适当的重视，学习它，掌握它，使之为我们服务。首先，外语它是用得着的。现代社会，是一个全球化的时代，国际间的经济、文化等方面的交流越来越多。曾经有一个领导，他是"外语无用论"的坚持者。后来，一次经历却让他改变了自己的观点。他去买电视机，想买个进口的，到商场一看，有一款机子，上面全是外文，心想这一定是个进口货，质量错不了。他儿子在读初中，买回来让他儿子认认，看是啥意思。他儿子水平也不高，就认识上面几个字："MADE IN CHINA"，一解释，把他老爸气得够呛。第二，外语是可以掌握的。有一位老将军，他学英语是在二十几岁，忘得差不多了。有一次出国访问，那时他已四十好几了，根本交流不了，出了丑。于是下决心学习，每天用在学英语上的时间是十个小时以上，除了吃饭睡觉，就一心扑在英语上。一年以后，他陪领导出国，这时的他已经可以给领导当翻译了。原文化部部长王蒙，也正是靠这股子劲，很快就能与国际友人用英语进行交流了。我们都是年轻人，精力要旺盛得多，时间要充裕得多，学习起来肯定要容易得多。

六是法律。现代社会，是一个法治社会，必须依靠法律来解决问题。当年我国刚加入世贸组织的时候，一些企业，由于不懂国际法，出了很多问题，吃了不少的亏。一个不健康的社会，它让好人学坏，学会钻空子；一个健康的社会，它让坏人守法，因为没有空子可钻。所以，自觉性并不总是可靠的，可靠的是法律，是制度。作为我们来说，就是要学法、知法、懂法、守法，既不违法，也能够依法维护自己的合法权益。当然，这并不是要我们成为法律专家，而是要大概知道一些常识性的东西，遇事不靠义气，不靠运气，不靠脾气，而是自觉寻求法律的帮助。

七是经济。现代社会是市场经济的时代，要提高我们的生活质量，没有一定的经济基础是不行的。怎样挣钱？怎样花钱？怎样理财？怎样确保自己的经济安全？这些都有必要掌握，懂点经济学知识，学会理财，学会经营人生，经营家庭，经营财富，没有经济方面的困扰，你才能更好地全面发展自己。

第九节　善借者活

现代社会，我们要有借的意识。敢于借，善于借，利用借到的东西发挥作用，从而成就、发展、壮大自己。

20世纪80年代初，当时农村为了发展专业户和乡镇企业，提供无息贷款，在条件上基本没有任何限制，只要申请，一般都可以办妥。但是，很遗憾，没有几个人敢去贷款。据我所知，我老家所在的农村，仅有为数不多的几个人去贷了款，后来，正是这些人，成了改革开放后最早富起来的一批人。

借的目的是什么呢？是用，是让它发挥效用。对借出者而言，没有损失，还的时候还是那么多，一百元还是一百元，一本书还是一本书，一件物品还是一件物品。但对于借入者而言，有收益，一百元我用它赚了十元钱，有十元的收益；一本书，我看了，掌握了知识，有知识的收益；一件物品，我用它完成了一项工作，有工作上的收益。如果不用，借就失去了意义。

"君子生非异也，善假于物也"，这是古人的一种人生智慧。人之所以为人，在于能够制造和利用工具，也就是所谓的"善假于物"。其实这是一种低层次的借。善借者不是要借这种有形的东西，而是借那些无形的、对自己人生起到决定作用的东西，为我所用，实现自己的人生理想。

要善于借势。在中国的传统文化中，"势"是一个很玄妙的东西。诸子百家中对"势"的论述很多，其中以孙武的说法最为精辟。他在《孙子兵法》"兵势第五"中说："激水之疾，至于漂石者，势也；鸷鸟之疾，至于毁折者，节也。"他又说："故善战人之势，如转圆石于千仞之山者，势也。"说白了，影响势的因素有两个，一个是速度，一个高度。这和物理学上讲的能量不谋而合，一个是动能，一个是势能。我们看刘备"三顾茅庐"，就是诸葛亮的借势、造势。我们知道，当时诸葛亮年轻，虽然也算小有名气，但在天下混乱之时，躬耕农亩的一介书生，一跃成为统率三军的军师将军，不服气的人肯定大有人在，关羽、张飞就首先不服气。有了刘备的三顾，关、张二人才甘为所用。刘邦的登坛拜将，也有异曲同工之妙。韩信投奔刘邦集团前，不过是一个小卒而已，如果说出了点小名的话，也是由于他曾经从小流氓的胯下钻过去的原因，那可不是什么好名声。及至后来他"私自离队"，"萧何月夜追韩信"，把他劝回来了，可他的声望也还不怎么样。所以，有了刘邦的拜将，才使他能够顺利地指挥军队作战。虽然"韩信将兵，多多益善"，但如果没有刘邦的重用，他想指挥千军万马，怎么可能呀？但我们要注意，有一个成语叫"狐假虎威"，这是一种仗势、骗势，不叫真正的借势。这是很危险的一种举动，老虎回过头来，狐狸的末日可能也就到了。

要善于借力。你有想法，有办法，他有实力，就可以各取所需，合作共事。古代的食客幕僚制度，就是一种借力。食客幕僚们通过游说有实力的"老板"，来获得施展抱负的舞台，实现自己的人生理想。现在很多电视台搞的"财富论坛"，相当于一种辩论赛，参赛选手针对某一投资话题进行辩论，把自己的想法亮出来：选什么项目，怎样具体操作，有没有可行性，胜算几何？评委就是那些有实力的投资家，最终胜出的选手将获得他们百万、千万不等的风险投资。很多财富神话就这样诞生了。

要善于借鉴。要善于学习他人的经验，吸取他人的教训，也就是鲁迅所谓的拿来主义。有一个成语叫"亡羊补牢"，我的理解是，亡的即使是别人的"羊"，我们也要检查自己的"牢"，非得等到自己的"羊"亡了，再去补"牢"，那就晚了。借鉴的关键在研究，比如有一条你要走的路，很多人曾经走过，那就有必要看看他们走的情况，哪些人走得顺利，哪些人摔过跟头，你好好研究一番，为什么顺利？为什么摔跟头？都是有原因的，你就要根据这些情况，提前做好准备。总之，我们要注意从亲人、朋友、同学、同事、邻里的身上发现那些可以学习借鉴的东西，能取长补短，不断完善自己。一个人生活在世界上，接触的人无数，阅人也就无数，只要从与你接触过的每个人身上学到一点点，就能博采众长，不断提升自己了。

　　当然，有借有还，这是一个社会的通则，如果违反了这个规则，那就为人所不齿。一开始借的时候，就没准备还，那更是无赖行径，最终必然为社会所淘汰。

第三章　人生的渡船

　　人的本质，是社会关系的总和。每个人，都处在不同的社会关系层次中。有社会学家曾提出，任何两个互不相干的人，只要通过不超过五个关系，就会建立起联系。这又印证了一句话："世界是普遍联系的。"

　　在社会生活的大海中，人与人之间，是通过什么联系起来的呢？是船！一只又一只的船。站在海边，我们可以看到，千帆竞渡，百舸争流，茫茫大海，好不热闹。社会生活的热闹有过之而无不及。据说当年乾隆皇帝下江南，在金山寺上凭栏远眺，望着长江上来往穿梭的船只，感慨良多，金山寺的主持却道："人生不过两只船，一为名，一为利。"古人也曾说过类似的话："天下熙熙，皆为利来；天下攘攘，皆为利往。"其实，把复杂的社会生活归结为"名利"二字，既有高明之处，也有浅薄之嫌。人之为人，除了名，除了利，还有情，还有义，还有人生的种种快乐和烦恼。但以船喻人，自有其精妙之处。人生就是在不同的船上，家是船，学校是船，各种单位、团体也是船。每一个人都是船上的一员，有时在这条船上，有时在那条船上，人与人之间的关系也就是同船共渡的关系。于是，人生的全部艺术就在于怎样驾船，怎样和同船之人，或是不同船上的人和谐相处。特别是进入中学阶段之后，良好的人际关系开始成为影响个人健康成长的重要因素。一个人如果能生活在一个温馨的集体环境中，与周围的同学、老师建立起和谐的关系，他就会消除孤独感，产生安全感，保持情绪的平静和稳定。否则，就会感到孤独和压抑，进而影响学习、生活，甚至影响他的一生。

"百年修得同船渡"，扬帆起锚的人们，同船即是有缘，珍惜这份缘分吧，因为，我们的目标是：远方！

第一节　世相百态

人上一百，形形色色。人海之中，什么样的人都会有的，你不要觉得奇怪。我们到这个社会上来，就要面对各种各样的人，和各色人等打交道。

所谓人情世故，自古皆然，你大可不必感叹世态炎凉。我们都知道悬梁刺股的故事，讲的是挂五国相印的合纵国纵约长苏秦的故事。这个故事在民间流传很广，也见于《战国策·秦策》。苏秦最早出道，却是以"连横"之策以说秦王，秦王并不买他的账，婉拒了他。苏秦在秦国羁留日久，黄金用尽，衣服破了，呆不下去了，只好怏怏离开秦国回家。家人听说他回来了，都以为他踌躇满志，衣锦还乡了，见面一看，却见他失魂落魄、衣衫褴楼的样子，于是都不想理他。妻子照样织布，若无其事；嫂子不给他做饭；父母也不和他说话。苏秦受到了极大的刺激，这才悬梁刺股，苦读一年，学到真本事，然后游说赵王，被封为武安君，拜为相国，尔后相继挂了五国相印。自己的亲人尚且如此，你又怎能对他人提过高的要求呢？

元代王实甫写过一篇《破窑记》，讲的是吕蒙正的故事，把世态炎凉的问题演绎得更加意味深长。吕蒙正考取功名之前，曾在寒窑中用功，每天到附近的一座庙里混斋饭吃，时间长了，和尚们很烦他。庙里以前都是敲钟开饭，为了不让他来赶饭，改成了饭后敲钟，这样他就吃不上饭了。他很生气，在庙外写了："男儿未遇气冲冲，懊恼诸黎斋后钟。"十年后，他中了状元当了官，当年题写的诗句也被一个碧纱笼罩起来了。他就问长老是怎么回事，长老解释道："你这两句诗，有龙蛇之体，是金石之句，往来的人争相观看，踏得这阶前石板连苔藓都不生，我便派人制作了一个碧纱笼，保护你的手迹。"吕蒙正于是又取来笔砚添了两句："十年前时尘土暗，今日始得碧纱笼。"

社会不是理想国。虽然陶渊明为我们描绘了一个"桃花源"，但那毕竟不是现实社会。理想与现实之间的距离总是很遥远，遇到的各种问题总是很具体。我们需要做的，不是抱怨，而是使自己更大更强，才能在这个社会上站稳脚跟。

曾国藩与几位幕僚闲谈，评论当今英雄。他说："彭玉麟、李鸿章都是大才，为我所不及。"一个幕僚说："各有所长，彭公威猛，人不敢欺；李公精明，人不能欺。"曾国藩说："那我呢?"众人低首沉思，其中一位说："曾帅是仁德，人不忍欺。"

"欺"，既有欺负之意，也有欺骗之意。不管怎么说，或让别人不敢欺，或不能欺，或不忍欺，你总要占一头，否则，被别人卖了还不知怎么回事。

第二节　游戏规则

适应社会，说白了，根本的就是适应规则。一个敬畏规则的人，遵守规则的人，更容易融入社会中去。没有规则，一切就乱了套；破坏规则，不按游戏规则出牌，游戏就进行不下去，等待我们的，只能是"GAME OVER!"古人说得好："从心所欲，不逾矩。"随心所欲有个前提，那就是不能违背规则。

规则，很多就是实际生活中规律性的总结，不守规则，必然要受到规律的惩罚。比如体育比赛，有比赛的规则；世界贸易，有贸易规则；国际交往，有交往规则。你不按原则办事，不按规则出牌，只能是害人害己。所以，尊重和遵守规则，是一种教养，一种风度，一种文化，一个现代人必备的品格。无视规则，不遵守规则，失掉的是诚信，有时，是让人一生也无法弥补的损失。

我们到一个集体里去，首先就要熟悉它的规则。这是开展任何活动的一个前提。这和我们学开车，上路之前要先学习道路交通法一样。这不仅仅是个法规制度的问题，而是每一个团体，都有自己约定俗成的规矩、规则，成文的，不成文的，你都要熟悉，都要遵守。这其实就是在一个团体里怎样做人的道理，可以上升到一种文化的高度去理解。

我们可以看看现在那些著名的企业，海尔、联想、华为、蒙牛、伊利、移动、联通等，他们无一例外的有自己的"游戏规则"，并上升为自己的企业文化。我们的名校，清华、北大、复旦、南开等，也是如此。因为人是群体性的动物，必须要学会在群体中生活。你可以有个性，很多地方都提倡张扬个性，但你的个性不能违反规则，不能妨碍别人个性的发挥，否则就会受到公众的谴责，那你在这个集体里就混不下去。所以，你若有幸能够成为其中的一员，首先就要熟悉人家的相关文化、相关规章、相关要求，然后遵守之。

在部队里，有两个字是经常用到的，那便是"到"和"是"。服从命令是军人的天职，这没有什么道理好讲，说一千，道一万，理解的要执行，不理解的也要执行；对的要执行，错的也要执行。否则，就是抗命不遵。这是军营的规则，也是部队的铁律，打胜仗的保证。

规则意识实际是也就是法治观念的延伸。法规制度更具根本性、长远性。这是一种理念，一种精神。历史上著名的改革家，叫卫鞅，因封地于商，又叫商君、商鞅。他辅佐秦王立下了赫赫之功，但最后因犯法而被通缉，逃跑的时候，他死在了自己制定的法律之下。他却为此感到很欣慰，毕竟，自己的变法得到了肯定。最后秦能够灭六国，和商鞅变法是有一定的历史联系的。

有这样一则笑话：一留美学生，每回开车跟美国女朋友出去兜风，均依国内习惯，见了红灯能闯就闯，一来二去，美国女友大为不满，说他："连红灯都敢闯，还有什么事不敢做？"于是两人分手。此君回国，又交上一国内女友，这回他学乖了，再开车出去，见了红灯能闯的也不闯，一来二去，国内的女友又不满了，说他："连红灯都不敢闯，还有什么事做得成？"于是也分手了。

说来说去，还是我们规则的缺失。我们有了"不能闯红灯"的规则，但没有保证这条规则落实的规则。他闯了红灯，不用付出代价，不用受到惩罚，久而久之，"不能闯红灯"的规则就形同虚设。不过现在许多城市的路上都安装了"电子眼"，这东西管用，我们会看到，只要有"电子眼"的地方，闯红灯或是其他违章行为就会少得多。

当然，规则要尽可能具体，它才有相应的操作性。比如，西方一家公司要求，员工见到客人时要微笑，那什么才算是微笑，很有意思：露出 8 颗牙齿。又比如他们的肯德基，所有的原料、配料都是有一定之规的，几克几毫克，绝不可随意变动，所以，在全球任何地方，你吃到的肯德基，都是一个味道。

第三节　同舟共济

春秋时期，吴国和越国经常互相打仗。两国的人民也都将对方视为仇人。有一次，两国的人恰巧共同坐一艘船渡河。船刚开的时候，他们在船上互相瞪着对方，一副要打架的样子。但是船开到河中央的时候，突然遇到了大风雨，眼见船就要翻了，为了保住性命，他们顾不得彼此的仇恨，纷纷互相救助，像左手帮助右手那样，并且合力稳定船身，才逃过这场天灾，而安全到达河的对岸。

这就是成语"同舟共济"的由来。我认为，它的中心意思只有一个，那就是"合作"！你看，吴国和越国，仇敌之间，在一定条件下，都是可以合作的。何况，我们生活中遇到的各色人等，哪有什么深仇大恨，为什么不能相互合作、谋求互利共赢呢？

其实从懂事起，我们就已经开始与人相处、与人合作了。我们人生学习的第一课，实际上也就是和别人相处。最初，和我们相处的是我们的父母；之后，有托儿所、幼儿园的阿姨和小朋友；后来，又有从小学到大学期间的老师和同学；等到我们走上了社会，我们的交际范围将进一步扩大，各式各样的人会走进我们的生活，和我们打交道，有些会成为我们的同事、朋友、知己、伴侣。这些人都可以是我们的合作者。随着人生半径的扩大，与我们交往合作之人便越来越多。

　　有这样一则寓言：一位行善的基督徒，临终后想看看天堂与地狱究竟有啥差别。于是天使就先带他到地狱去参观。到了地狱，在他们面前出现一张很大的餐桌，桌上摆满了丰盛的佳肴。过了一会儿，用餐的时间到了，只见一群骨瘦如柴的饿鬼鱼贯入座。每个人手上拿着一双长十几尺的筷子。可是由于筷子实在是太长了，最后每个人都夹不到。后来天使又带他到天堂去参观。到了天堂，同样的情景，同样的满桌佳肴，每个人同样用一双长十几尺的长筷子。不同的是，围着餐桌吃饭的可爱的人们，他们喂对面的人吃菜，而对方也喂他吃。因此每个人都吃得很愉快。

　　看来，对于不懂得合作的人，天堂也可以被他搞成地狱；对于善于合作的人，地狱也可以由此变成天堂。那么，在一个集体之中，怎样才能更好地与他人合作呢？一句话："要有团队精神。"

　　现代社会，分工越来越细，任何一个人，都不可能单独完成某些事情，参加"嫦娥工程"的科学家，不知几千几万，这项系统工程，没有一个团结的核心，没有一个高度集中统一的团队，是不可能完成任务的。这就像一艘船一样，有不同的岗位，有不同的分工，每个人都做好自己的事，船就能正常运转，顺利地驶向目的地。围绕这艘船行驶的目标，根据自己的岗位职责，尽可能地发挥好自己的作用，必要的时候，甚至为了团队利益，牺牲一些自身的利益也在所不惜。这就是团队精神。"拔一毛以利团体而不为"，这样的人最终要被团体所抛弃。

《西游记》中的唐僧就领导了一个很好的团队。唐僧，他的能力非常差，遇上一个小妖怪，他就会束手无策，但他的方向坚定而正确。孙悟空，脾气很坏，很怪，但他是一个高手，能力很强。老猪，他比较差劲，但他是个开心果，深得师父的厚爱，让大家在取经路上少了许多寂寞。沙僧和白龙马，任劳任怨，是老黄牛似的人物，把肩挑背驮的事干得很好，让孙大师兄可以集中精力降妖除魔，在平凡的岗位上为取经的成功贡献了不少力量。

秋天的时候，我们都可以看到这样的一幕，大雁排着整齐的队伍往南飞，其实这体现的也就是一种很强的团队精神。它们总是喜欢排成"人"字或"一"字飞行。据科学家研究表明，在这种团队结构中，每一只雁扇动的翅膀都会给紧随其后的同伴鼓舞起一股向上的力量。这样，雁群中的每个成员都会比一只单飞的大雁增加超过70%的飞行效率，从而能够支持它们顺利地到达目的地，完成长途的迁徙。他们的旅程建立在相互信任的基础上，共同为这个团队出力，也共同分享团队的成果，使雁群能够轻松地到达目的地。

强调团队精神，不能求全责备。"林子大了，什么鸟都有。"一个团体里面，各种各样的人都有，我们要善于与不同性格、不同类型的人合作。俗话说："金无足赤，人无完人。"从实际情况来看，任何合作，都是"有限度的合作"，对合作者的要求，不要超出对一个普通人的要求，要求他尽善尽美，没有缺点和不足，那怎么可能，而且也没有那个必要。你找的是合作伙伴，是同事，不是圣人、神仙。如果因为自己对对方身上的一些无关紧要的方面看不顺眼，而拒绝同对方进行有价值的或者很有意义的合作，那就得不偿失，非常不明智。更重要的是，如果你对他人求全责备的时候，你也该想想，你也不是完人，也并非十全十美。人人求全责任，他们又怎么会把你作为团体中人，又怎么会与你合作呢？几千年前，孔老夫子就曾语重心长教导他的弟子："三人行，则必有我师焉。择其善者而从之，其不善而改之。"在我们的人生中，在我们发展事业的过程中，可能会遇到各式各样的人，有许多人肯定和我们不是同一类人，无论是志趣还是性格都与我们不合，甚至与我们格格不入，但这些都不要紧，要紧的是他对我们的事业发展是不是有用。

强调团队精神，要尽可能地形成制度机制。有这样一个经典的小故事：一个和尚挑水吃，两个和尚抬水吃，三个和尚没水吃。把工作分解，把责任分解，形成机制，靠机制来运转人，这才是可靠的。比如，可以让三个和尚轮流挑水；可以对三个和尚进行分工，一人挑水、一人劈柴、一人做饭，既分工又合作，这就好办多了。总之，要让人人有事干，事事有人干，这是一个团队有效运转的根本原则。

强调团队精神，不是要"吃大锅饭"。一个团队当中，不同的人，扮演着不同的角色；不同的角色，付出了不同的劳动，也有着不同的收益。这样看似不公平，实则是最大的公平。有这样一个故事：一家人养了一头骡子和一头驴。主人喂食的时候，给骡子吃得很多，给驴吃得很少。驴有意见了："这太不公平了，不行，我得找主人说理去。"听了驴的意见，主人没有说什么。他给骡子和驴都套上辕头，分别拉了一大车货，到地里干活去。还没有走出多远，驴就不行了，央求主人把自己车上的货物减少一些，主人便把驴车上的货卸了一半多到骡车上去。到地里开始犁地，驴根本犁不动，干脆赖在地上不起来了，而骡子始终任劳任怨地犁地，一直没闲着。以后再喂食的时候，驴再也不敢提意见了。所以我们要摆正自己的位置，得到自己适当的回报。如果你不满足、不甘心，也可以。但首先要做的，是努力提高自己的能力，担负起更重要的责任。

第四节　同窗滋味

我们学生的团队是什么？是学校、是班级。那和我们朝夕相处的，就是我们亲爱的同学了。由于我们大部分的时间是在学校中度过的，因此，处理好同学关系就显得尤为重要，这对我们愉快的学习、快乐的生活、健康的成长、顺利的发展，都是非常必要的。

在青春的花季雨季里，恰同学少年，一同飞扬青春的旋律，一同经历成长的烦恼，一同承受考试的压力，一同走过叛逆的日子。它没有名利的杂质，没有物欲的浊流，只有共同走过的一段黄金般的岁月。这样的感情最真挚、最珍贵、最值得信赖。这是除爱情、亲情、友情之外，人生又一种美好的、不可或缺的、值得终生回味的感情。

然而，同学间朝夕相处，同在一个圈子里生活、学习、娱乐，难免会有磕磕碰碰的时候。成长的烦躁不安，心情的阴晴变化，相互的矛盾摩擦，都会给我们同学间相处带来一定的影响。

有这样两位同学，为了叙述的方便，我们不妨称之为甲同学和乙同学。初中他们就同在一个班上，都非常爱学习，都很刻苦努力，也乐于帮助其他的同学，各自有一批自己的"粉丝"。但是，在他们之间，却有一种无形的隔膜，开始时还礼貌地点点头，后来，相互间便连话也不说了。中考时他们分别以全校第一名、第二名的成绩考上了本校的高中，分在不同的班上。他们的成绩，包揽着年级的第一、第二名，有时是甲同学第一，有时是乙同学第一，相差无几。他们之间的关系，却依然是这样冷冷的。到高二下学期开学，学校办了一个尖子班，两人都到了尖子班上。甲同学变得开朗，并和其他同学大多保持着良好的关系。乙同学却独自钻进了书堆里，而且有一个原则，只要和甲同学要好的同学，他一概不理会。当甲同学微笑着向他打招呼的时候，他也装着没看见。

高中的时间是短暂的，转眼高考就结束了。考试的结果出人意料：甲同学以全校第一名的成绩被全国的重点大学录取，乙同学却连一所普通大学也没考上。这成了很多老师和同学心中的一个谜。这个谜在后来乙同学复读考上大学之后，写给班主任老师的一封信中，得到了合理的解答。原来，正是乙同学当初的过分要强、继而的妒忌不满、最后的孤独封闭害了他，使他背上了沉重的心理包袱，导致了第一次高考的失败。他复读之后，甲同学通过老师和其他同学向他表达关切之意，并主动给他写信，这使他静下心来认真地反思了自己，然后较好地调整了状态，第二次便考了一个好成绩。现在，他们俩早已成了好朋友。

那么，我们应该怎样与同学相处？或者说，在与同学相处的过程中，要注意些什么问题呢？我想，要坚持以下"四互原则"。

一是互尊互重原则。每个人都有自己的气质和性格特点，有自己的成长背景和生活习惯，所以在与同学交往的过程中，如果能互相理解尊重，大家的关系就容易融洽，也会减少一些不必要的摩擦。尊重，就要待人以诚，口是心非、虚伪傲慢的人是难以有朋友的。尊重，关键的是尊重同学个性的独立。进入中学，大家的自我意识有了极大的提高，个人的独立性也已经大大增强了，每个人对人、对事、对人生、对生活都开始有了自己的看法，希望能独立地安排自己的学习和生活，而不希望别人过多地干涉自己，这便是中学生与小学生的区别。

二是互帮互助原则。"赠人玫瑰，手留余香。"比如，如果我们为其他同学讲题，讲明白了，我们对知识的理解也加深了一步，这对我们也是一次提高；如果我们也不能讲明白，这说明他帮我们找出了自己的一个知识盲点。这样，通过同学的提问找到了自己的漏洞，使我们的知识体系更加完善。学习上需要互帮互助，生活中也不例外。帮助别人，本身就是一件非常愉快的事情。在互帮互助的过程中，我们要注意消除依赖感。这是人际交往中的一种不健康心态。总是希望别人像父母兄姐一样关心自己，凡事都要别人替自己拿主意，这是缺乏独立意识的表现。过强的依赖感还会发展成为控制欲，他们强求别人和自己一起学习，一起复习功课，向自己通报行动计划，甚至限制别人同其他同学的交往。这是一种人格缺陷，应及时加以纠正。

三是互谅互让原则。我们周围的同学，当然也包括自己，都还处于成长的阶段，处理问题常会有很多不妥之处，在许多问题上同学间也会有不同的见解，这就要求我们换位思考，能够从对方的角度考虑问题，相互谅解，就不会导致敌意。现在流行一个词叫"悦纳"，顾名思义，就是喜悦地接纳，即要从心底里高兴地把别人当作自己的朋友。当然不等于说悦纳他的缺点和毛病，而是悦纳此人，并诚心地帮助他克服缺点和毛病。一旦别人感受到你的真诚的悦纳，自然就会心悦诚服地和你友好相处。

四是互联互通原则。人际关系是互动的，不要总是消极地等待别人来主动关心自己，而要主动地与周围的同学交往沟通。开放自我是有感染性的，你对别人开放，别人也会对你开放。当对方走出故步自封、自我封闭的死圈子的时候，你不仅会对对方有更深一层的认识，更重要的是对自己也会有新的认识和体验。当然，对于我们中学生来说，互联互通，更应重视的是与他人在思想认识和生活体验上的交流、在生活上的必要关心帮助以及互通信息等方面，而不是形式上的形影不离和亲密无间。

当然，这"四互原则"，只是从一般的情况而言，是一些普适性的大众化原则。具体到每个人不同的情况，我们还要从自身实际出发，因人而异地处理与周围人的关系，力争使自己处于融洽和谐的人际环境中，从而更好地学习生活，更好地成长进步。

第五节　两位老师

对于学生而言，老师在引导我们走好人生之路上扮演着重要角色。遇到一位宽厚善良、和蔼可亲、知识渊博、循循善诱的好老师，这是人生的一大幸事。很多后来的成功人士，追根溯源，都与老师正确的教育引导是分不开的。

但是，我们不能按自己的标准来要求每一位老师，老师的学识人品也不可能是一样的，他们有各自的特色，有各自的想法。所谓最好的老师，是那些能够适应不同的学生、因人施教的老师，像以前的老祖宗孔子那样，弟子三千，贤人七十二，各种各样的人他都能正确地加以教育引导。但是，从另外一个角度来讲，最好的学生呢？我想，应该是能够适应不同老师的学生。从小学到大学，我们要遇到各种各样不同的老师，怎么去适应，这就是我们当学生需要思考的一个问题。

想起中学时代的两位老师。

一位姓陈，长得很秀气的女老师。她高中毕业没考上大学，到我们这所乡村中学来教初一英语。应该说这是一位责任心很强的老师，开始时我们都很喜欢她，我的英语成绩也不错，每次考试都有95分以上。但一天早读，她来辅导英语，我正看小说《西游记》。当她走到身边时，我还沉浸在小说精彩的故事情节中，没有发现她的到来。她气红了脸，伸出手，恶狠狠地说："拿来。"我不给，于是她破口大骂。我稚气的心受到了严重的伤害，狠狠地瞪着她。她愣了一会儿说："不要脸！有本事你就不要来上我的课。"我抓起书包就冲出了教室。此后一年多的时间，一上英语我就逃课，英语成绩也急转直下。直到初三，换了一位英语老师，我才开始从初一的英语学起。后来到高中、到大学，英语成绩也一直不理想。

还有一位是高中时的班主任，教物理的龚老师。一上高中，我狂热地喜欢下象棋。一天早自习，我和同桌下起了象棋。由于太投入，没有发现龚老师已经走到了我们身后。她看了一会儿我们下棋，然后柔声说："收起来吧，这是自习时间，不要耽误了学习。"我们红着脸把棋收起来。几天之后的一个早自习，轻狂年少缺乏自控力，我和同桌又在下象棋，又被她抓个正着。她把我们的象棋收缴了，不过她的神态并不是那种怒不可遏的样子，她站在讲台上，把象棋举起来，微笑着说："既然大家这么爱下象棋，那我们过几天举行一次象棋比赛，谁得了冠军，就把这副象棋奖励给谁。"后来，我得了班上的象棋冠军，当了物理科代表，成绩也由班上的中等水平一跃成为全年级的前几名。当我以全年级理科第二名的高考成绩被军校提前录取的时候，首先想到的，就是龚老师慈爱的微笑，心中充满了感激。

其实，这里面涉及两个问题。一方面，是老师应该怎样对待学生的问题。我们学生都还年轻，会经常犯点小错误，也常常令人很生气。但是，请老师相信，我们并不是想要对着干，大多数的时候，都是因为不懂事，都是无心之错。这种时候，需要的是一颗宽容的爱心，你的笑对我们很重要。毕竟，年轻的心渴望关怀与关注、理解与尊重。否则，在逆反心理的作用下，小问题也可能酿成严重后果。多一点尊重，多一点宽容，多一点笑容。也许，在无意之中，你已经改变了一些人的一生。

另一方面，是学生应该怎样对待老师，特别是怎样对待老师过于严厉的批评，甚至是惩戒、惩罚的问题。我们年轻的心很敏感，容易觉得受了委屈，受了伤害，受不了了就可能冲动、冲撞，引发更大的矛盾。我们应该坚持的一个原则是：尊重和理解老师，不顶撞、不冲撞。因为我们要相信一个基本的事实：从老师的出发点来说，肯定不是害我们，而是关心，是爱护，只是有时候"恨铁不成钢"而已。被老师批评，肯定是有原因的。一种情况是，确实是我们的错，那犯了错就得认，就该接受；一种情况是，老师误解了我们，错怪了我们，我们也没有必要立即解释甚至当面顶撞，等以后有机会再慢慢解释清楚。当然，老师如果使用了"打骂体罚"的手段，那他肯定是不对的，制度规定也是不允许的，这种时候，我们也要通过适当的途径，比如，通过家长来与老师、学校沟通，寻求解决之道。

第六节　各就各位

每个人在自己的岗位上，该干啥干啥，该干啥就各负其责的干好啥，事情就变得简单多了。对此，余秋雨有一个精辟的比喻，他说，好比木匠炒菜，偶尔炒两个菜是可以的，但如果木匠只知道炒菜，他就不能称之为木匠了。

各就各位，各司其职，自己做好自己的事，是一个健康社会的基本特征。如果人人都把自己的事情做好了，这个社会也就步入了一个良性发展的轨道。有一句话叫做各人自扫门前雪，莫管他人瓦上霜。其实，这个社会需要去管他人瓦上霜的人，需要爱管"闲事"的热心肠，帮助他人本来就是一种难得的美德。但是，如果不扫自己门前雪，专管他人瓦上霜，那就有点别扭了。打个不恰当的比喻，这就好比狗拿耗子似的，狗拿耗子没有大的错误，在看好门的同时，抓只耗子也是可以的；但如果狗把心思都用在了追耗子上，这只狗就失去了存在的意义，况且，因追耗子而没把门看好，东西给丢了，那就麻烦了。

陈平是汉初三杰之一，在刘邦创业之时就帮助刘邦出过不少好点子，后来官至宰相。据史载，陈平善于抓大事，善于发挥下属作用。汉文帝曾问周勃："天下一岁决狱几何?"勃不能对。又问："天下一岁钱谷出入几何?"勃愧不能对，汗流浃背。文帝问于平，平曰："各有主者。""问决狱，责廷尉；问钱谷，责治粟内史。"文帝曰："苟各有主者，而君所主何事也?"平曰："主臣!""宰相者，上佐天子，理阴阳，顺四时；下遂万物之宜；外镇抚四夷诸侯；内亲附百姓，使卿大夫各得任其职焉。"文帝称善。你看，陈平答得多好! 那些事都有人干，至于我嘛，就是用人管人的。我们不要以为陈平这是推托之辞，按现在的观点，那就是按级负责。事实上，陈平在任期内颇有建树，是名相之一。

相反的例子就是诸葛亮了。《三国演义》中有一段精彩的对白，那是司马懿与诸葛亮的使者的对话，司马懿在知道诸葛亮事必躬亲之后叹道："食少而事烦，其能久乎?"果然，就在司马懿说这话不久，诸葛亮就饮恨五丈原，永远地去了。我们为诸葛亮鞠躬尽瘁的精神而感动，也为他事无巨细亲自过问的"过劳死"而惋惜。所谓"不在其位，不谋其政"，什么都想管，什么都要管，往往是什么都管不好，即使管得好，那也是"人治"大于"法治"的问题，也是不值得提倡的。因为，当你管了不该管的事，你就越了位、越了权、越了责，带给其他人的，或是埋怨，或是惰性。部队里有句话，叫做"上不放心，下不尽心；上不放手，下不动手"。有一位老领导，他说过一句话："如果你坐在家里打扑克，单位也能正常运转，那你这个领导就当到位了。"细细想来，这话很有道理。

当然，在事业初创之时，情况会有些不同。比如，你东拼西凑借钱开了一个店铺，那恐怕从进货到卖货到送货，包括打扫卫生，所有环节你都要亲自操心，身兼数职是免不了的。但如果已经把企业搞起来了，你还这样做的话，恐怕就不适合了。精力顾不过来是一个方面，另一方面给人的印象也非常不好，别人对能否与你的企业合作就没有信心了。因为，往往一个企业越发展，它的分工越精细。

第七节　有容乃大

台湾著名作家林清玄在《寻找心灵的故乡》一文里为我们描述了一种鱼：斗鱼。每条鱼只能各养在一个杯子里，因为它们很喜欢相斗。如果把两条斗鱼放在一起，它们会相斗，直到其中一条死亡为止。如果把养斗鱼的杯子放在镜子旁边，它会对着镜子斗，一直斗到自己死掉为止。

可悲而又可笑的斗鱼！这实际上是一种"斗争哲学"。眼中、心中容不得别人，甚至连自己也不放过。斗鱼如此，人呢？

"海纳百川，有容乃大"，人与人之间相处，还是要讲究一点宽容、包容，宅心仁厚，心气平和，这样对人对己都有好处。古人云："地之秽者多生物，水之清者常无鱼。故君子当存含垢纳污之量。"意思是说，君子要有一种气度，一种气量。你自己可以是一个"至清"之人，但你不能以这样的标准来要求别人，因为这个世界本来就很复杂，是多元化社会，什么样的人都有，什么样的思想都有，这才是丰富多彩的世界。如果你总想把自己的标准强加于人，事事与人计较，路只能越走越窄。《菜根谭》中教人处世的智慧之一就是宽容他人。宽容别人方能建立起良好的人际关系，宽容他人的过错，就会赢得朋友，赢得别人的佩服与尊敬。"不责人小过，不发人隐私，不念人旧恶，二者可以养德，亦可以远害。"一个人必须具备容人之长、容人之短、容人之错、容人之过的素质，才能拥有和谐的人际关系，才能构建和谐社会。

有容之人，他的心胸是宽广的。像海一样，可以装得下任何东西，甚至面对怨恨、误解、妒忌，他的心气也可以很平和。不管处于什么样的环境，面对什么样的人，他都可以从容。一个人一生会遇到各种各样的事情，我们不一定都能处理得很好，但因为有了这样的心胸气度，想得通，看得开，就可以从容的心态应对百变的世态。

我们来讲一讲国画大师张大千，他很有自知之明。当年，徐悲鸿曾经称赞他可以领五百年画坛之风骚，然而张大千说了这样一番话："当代我国画坛，人才辈出，我侧身其中，常感得益良多。真的，不是说客气话，能把山水竹石画得清逸绝尘，我不及吴湖帆；论气韵的刚柔相济，我不及潘心畬；明媚软美，我不及郑午昌；画瀑布山岚，我不及黄碧；论寓意深远，我不及陈定山、谢玉岑；画荷菱梅兰，我不及郑曼玉；写景入微，不为方寸所囿，我不及钱瘦铁；画花鸟虫鱼，我不及于非闇、谢稚柳；画人物仕女，我不及徐燕荪；画鸟鸣猿跃，能满纸生风，我不及王梦白、王慎生；画马，则当数你徐悲鸿先生，赵望云当然也是佼佼者；还有汪亚尘、王济远、吴子深、贺天健、潘天寿、孙雪泥诸道兄，无一不在我之上。徐先生说我能领五百年画坛风骚，我哪里担当得起啊！"张大千一口气能说出二十多个画家的名字和他们的艺术特点、风格，这不仅有知人之明，也是自谦之意，没有海纳百川的胸怀是做不到的！事实上，这体现的正是大宗师的风格，只有这样的胸怀，才能不断完成自我的超越，成为博采众长的大师。

宽容是折射人性光辉的一种品质，是沟通、融洽情感的润滑剂。没有宽容之心、容人之量的人，往往朋友也要变成敌人。而宽容之人，敌人也会变成朋友，甚至成为自己的助手。齐桓公就是这样的一个人。管仲曾是齐桓公继位前对手的重要谋士，而且差点一箭把齐桓公给射死了，就是这样一个死敌，齐桓公赦免了他、感化了他，并任用他为一人之下、万人之上的相国，如果没有相当的宽容，那是不可想象的。管仲果然不负齐桓公所托，励精图治，帮助齐桓公实现了"九合诸侯，一匡天下"的霸主之梦。

宽容是一种力量。宽容者的力量，不仅在于自身的力量有多大，而且在于，由于他的接纳和宽容，他可以把各种力量积聚在一起，把许多人集合成一个整体，发挥整体效益。比如，《水浒传》中，白衣秀士王伦，气量狭小，不能容人，最终被杀。而及时雨宋江却把经历、性格千差万别的一百零八条好汉紧紧团结在一起，至死不渝。又如，汉高祖刘邦，他自己总结说：谋略，我不如张良；打仗，我不如韩信；后勤保障，我不如萧何。但他却把"汉初三杰"这样优秀的人物聚在了一起，打败了实力雄厚的楚霸王项羽。这让人想起两弹元勋邓稼轩，他是一个宽容厚道之人，在中国处于最艰难的时候，为了毛泽东的一句话："中国也要搞点原子弹。"他放弃了自己的专业，放弃了自己的爱好，组织了一批当时中国的精英分子，来到戈壁滩上，用了很短的时间，就造出了震惊世界的原子弹和氢弹。

宽容意味着学会了谅解，意味着人生达到了另一种境界。谅解别人，也就是在解脱自己，人际间的诸多忧愁烦恼便可随之烟消云散。有两兄妹的关系曾经一直不睦。究其原因，竟然只是小时候的一件小事而已。原来，上小学的时候，贪嘴的哥哥偷了父亲5分钱，用来买冰棍吃了，恰巧被妹妹看见了。为了逃避父亲的责罚，哥哥便"恶人先告状"，说是她偷的。父亲只是说了她几句，这事也就过去了，但妹妹却感到莫大的委屈，在心里恨死了哥哥，一直记恨着，决不肯原谅，直到大学毕业，妹妹没有叫过一声哥哥。到外地工作的前夕，妹妹回家看望父母，父亲才告诉她，她上学的学费，全是哥哥在外打工挣的。有一次，哥哥摔伤了腿，还在工地上坚持，就是为了她能够安心上学。这一切，哥哥都不让父母告诉她。看到她对哥哥这么绝情，这才忍不住说了出来。她和哥哥都哭了，重新言归于好。哥哥说，这些年来，他都有一种还债的心情，这5分钱，让自己还了十几年。她的原谅，是他的解脱。其实，对于她而言，何尝不是一种解脱呢？这5分钱，成了她背上沉重的十字架，她也背了十几年。放下了，对哥哥，对自己，都是一种解脱。

　　宽容，还需要善待误解。在日常工作和生活中，人与人之间由于经历、文化素质、认知水平、生活习惯和工作方法的差异，在看待和处理问题上难免出现像唇与齿的磕碰、锅与勺的碰撞，难免会出现一些分歧与误会。每到这时，首先要保持冷静的头脑，以平和谦逊的态度想到彼此的缘分，而后以宽宏的肚量、热忱的姿态面对，利用一定的组织形式做必要的解释，以求得圆满的化解。如果这样暂时还无效，仍然受到误解，那么就要有点"委曲求全、忍辱负重"的勇气了，要耐心等待时间和实践的检验，千万不要因为受到当时的委屈就发火泄愤，甚至出现吵闹打架等不理智的行为。即便事后证明你确实对了，也没有必要搞什么"秋后算账"，公道自在人心，如果睚眦必报，倒显得小气。

误解消除之后，宽容者更让人敬佩。很多同学都看过《神探狄仁杰》，讲到狄仁杰看不起娄师德，但实际上娄师德并不计较这些，反而推荐狄仁杰当了宰相。有一次武则天问狄仁杰："娄师德贤能吗？"狄仁杰答道："作为将领只要能够守住边疆，贤能不贤能我不知道。"武则天又问："娄师德能够知人善任吗？"狄仁杰回答："我曾经与他共事，没有听到他能够了解人。"武则天最后说了一句："我任用你当宰相就是娄师德推荐的。"这让狄仁杰非常惭愧，他叹道："娄公德行高尚，我已经享受他德行的好处很久了。"

清代的中兴名臣中，历来"曾左"并称，"曾"是指曾国藩，"左"是指左中棠。虽然左的仕途在很大程度上是由曾为他铺就的，左却不大看得起曾。他不甘屈居曾之下，常常出言不逊，曾国藩大多一笑了之。而且当左遇到一个"生死劫"的时候，还是曾帮他脱离了困境。后来曾在很多事情的处理上，终于让左心服口服。曾病逝后，左写了一副对联，很能够说明问题："谋国之忠，知人之明，自愧不如元辅。"这让人想起战国时代的《将相和》的故事。蔺相如几次受到廉颇的羞辱，他都容忍退让，那是因为他胸中有大局，最后令廉颇无地自容，只好负荆请罪。所以，宽容，宽厚，才是真正的大才。

"大肚能容，容天下难容之事；开口常笑，笑天下可笑之人。"现在肚子大的人倒是很多，但不知那肚子里装了些什么，还能容得下其他东西吗？所以，我们要为自己的心灵扩容，虚怀若谷，大肚能容，把人生的境界提升到一个新的高度。

第八节　诚信为先

诚信是一个道德范畴，即待人处事真诚、守信，言必信、行必果，一言九鼎，一诺千金，反对隐瞒欺诈，反对伪劣假冒，反对弄虚作假。具体而言，诚信就是忠诚、正直、老实和守信。忠诚的主旨是对祖国、对人民、对正义事业的忠诚。当然，这种忠诚不是盲目和狭隘的"愚忠"，而是认同于崇高的理想，为实现理想而不懈追求和努力奋斗，从而表现出乐于奉献、勇于牺牲的精神。正直，是指为人正派，处事公正坦率。老实，则特指说老实话，办老实事，做老实人。守信，就是说到做到。

以诚待人，以信取人，是我们中华民族最为优秀的传统之一。孔子云"诚者，乃做人之本，人无信，不知其可"；韩非子曰

"巧诈不如拙诚";陶行知先生也曾说过"不作假秀才,宁为真白丁";季步一诺胜过千金,商鞅变法立木求信,君子一言驷马难追……类似的故事和典故不胜枚举,但随着时代的进步,有些人在迅速发达的市场经济熏陶下,摒弃了人类最基本的传统和优秀的东西,真是可惜可叹!

守信方面,有很多古人都是我们的典范。曾参就是其中之一。他的妻子有一天要到集市去,孩子哭闹着要跟妈妈一起去。她就哄孩子:"别去了,妈妈回来后,杀猪给你吃!"孩子一听可高兴了,不闹了,乖乖地等着吃肉。在春秋战国时代,一般人家要吃上肉,那是非常不容易的事。她从集市回来,看到曾参正准备杀猪呢,就不让杀,说:"我是哄哄孩子的,说着玩的。"曾参很严肃地说:"不能和孩子这样说着玩,孩子很单纯,他们学父母的样子。现在你承诺了杀猪,如果欺骗了他,这就等于教他们骗人。你骗他,他将来就骗你!这样的话,孩子还能教育好吗?"为了承诺,曾参还是把猪杀了,这就是说话算数。

周朝还有一个"桐叶封弟"的故事。周公旦佐政时期,周王还很小,一次和他弟弟玩,摘了一片桐叶给他弟,说道:"就把晋这个地方封给你吧。"他弟跪着道了谢。后来周公听说了这件事,严肃地对周王说:"君无戏言,请下旨将晋这个地方封给你弟弟。"周王没办法,只得把晋地封给了弟弟。晋祠就是当年桐叶封弟之所在。周公旦说得很好,君无戏言,岂能儿戏!你看周幽王烽火戏诸侯，他这个玩笑开大了，为博美人一笑，点燃了烽火，也点燃了天下大乱的导火索。

秦国名相吕不韦说："信而又信，谁人不亲。"意思是说：一个诚实守信的人谁不喜欢和他交朋友和他亲近呢！如果一个人具备了诚实守信的品质，别人就会愿意与他接近、与他交往，也愿意和他成为好朋友。相反，如果一个人总说假话，不讲真话，办事不讲信义，就不会有人愿意和他接近，更谈不上交朋友了。古人说："人无忠信不可立于世。"虽然一个人的立身之道各有差异，但不管以什么样的方式和态度做人，都绝不可缺少诚实守信这一条，因为它是做人立身处世的基础。对我们每个人来说，不管美貌、机敏、才学、金钱、荣誉是多么的重要，但比起诚信来，都是皮毛，只有诚信是根本，是底线，是万万不可缺失的。每一个人都要善待诚信、珍爱诚信，做诚信的人。

诚，就是要实事求是，不扩大，不缩小；信，就是要一言九鼎，说到做到，不朝秦暮楚，不朝令夕改。诚信是立业之本，做人的准则，是企业和人的第二张身份证，其中道理不言而喻。一个企业、一个部门甚至于一个人，如果张口就是谎话连天，如果说话不算数，不守信义，谁还会相信他。那个站在山头上大喊"狼来了！"的小男孩，不就是因为一再说谎，而导致说话无人听，最后被狼吃了吗？其实，吃他的并非是狼，严格地说是他那不诚信的品质。

人们常说："做人要厚道。"其实这个说法可以追溯到老子，他说："大丈夫处其厚，不居其薄。"厚，不是李宗吾所著的《厚黑学》中脸厚心黑的厚，而是敦厚、忠厚、淳厚的意思，正直、真诚、讲诚信，守信用。尤今说：有一类人，像古井。表面上看起来，是一圈死水，静静的，不管风来不来，它都不起波澜。路人走过时，都不会多看它一眼。可是，有一天你渴了，你站在那儿掏水来喝，这才惊异地发现，那口古井，竟是那么深，深不可测；掏上来的水，竟是那么的清，清可见底，而那井水的味道，甜美得让你魂儿出窍。这就也是厚道的一种诠释吧。

对于一个不厚道、不讲信用的人来说，最终害的是自己。古时候有一个叫公冶长的人，他有特异功能，懂鸟语。有一次乌鸦在他家窗口外边叫他："公冶长，公冶长，南山有只羊，你吃肉来我吃肠。"他一听，觉得挺好，鸟来叫他分享羊肉。他到南山一看，真有一只死羊，于是他把羊给扛回家去了，羊肠子之类的杂碎也给吃了，没给乌鸦留一点。按现在的话说，他吃独食，把乌鸦给忽悠了，这也太不厚道了。后来又有一次，乌鸦又到他家窗口来了："公冶长，公冶长，北山有只羊，你吃肉来我吃肠。"他一听，机会又来了，很高兴地就去了。可是，到北山的时候，已经围了好大一堆人了，他一看来晚了，非常着急，边跑边喊："你们都让开，那是我打死的！"大家果然让开了，到跟前一看，傻眼了：地上躺着个死人！捕快上前把他抓住了。他大声辩解，谁听他的呀！这时，旁边的树梢上，传来了乌鸦"嘎嘎"的笑声。公冶长的毛病我们不要犯。现代社会是一个信用社会，诚信缺失的话，一个人不会有大的发展，一个企业也不可能长大。

"无诚则有失，无信则招祸。"那些践踏诚信的人也许能得利于一时，但终将作茧自缚，自食其果；那些制假售假者，或专靠欺蒙诈骗者，则往往在得手一两次后，便会陷入绝境，导致人财两空，有些甚至锒铛入狱。在现代经济社会，即使一个企业拥有雄厚的资本实力和现代化的机器设备，有誉满全球的品牌优势，建立了很好的采购和销售网络，并且有一支高素质的员工队伍和高学历的管理者队伍，但如果它在财务报表、在商品、在服务上做假，欺骗商品客户和投资者，丢掉了信用资本，就没有银行愿意给他贷款，企业的股票、债券和商品就没有人买，合作者和客户没有了，所有物力资本和人力资本就失去了它的意义，企业必然会陷入困境，并最终在市场中消失。前阵子国内一家著名的乳品企业，最终因诚信道德的缺失而轰然倒下。因此，诚信确确实实是做人、立业之本。我们每个人都有义务从自身做起，恪守诚信，让诚信成为我们为人做事的准则；只有这样，我们的生活才能绚丽多彩，我们的社会才能不断进步。

职场无小事，轻诺必寡信，重视你所说的每一句话，因为他都是在积累你的品质大厦，有两三块砖头质量不过关，就可能导致大厦将倾的危险。人在职场没有了诚信，或者你的诚信受到怀疑，那么你将难以融入这个社会和企业，难以在社会上立足，"小胜靠智，大胜靠德"说的就是这个道理。一个顾客走进一家汽车维修店，自称是某运输公司的汽车司机。"在我的账单上多写点零件，我回公司报销后，有你一份好处。"他对店主说。但店主拒绝了这样的要求。顾客纠缠说："我的生意不算小，会常来的，你肯定能赚很多钱！"店主告诉他，这事无论如何也不会做。顾客气急败坏地嚷道："谁都会这么干的，我看你是太傻了。"店主火了，他要那个顾客马上离开，到别处谈这种生意去。这时，顾客露出微笑，并满怀敬佩地握住店主的手："我就是那家运输公司的老板。我一直在寻找一个固定的、信得过的维修店，我今后常来！"

我们青少年要做到恪守诚信，就要对自己讲的话承担责任和义务，言必有信，一诺千金。答应他人的事，一定要做到。同他人约定见面，一定要准时赴约。上学或参加各种活动，一定要准时赶到。要知道，许诺是非常慎重的行为，对不应办或办不到的事情，不能轻易许诺，一旦许诺，就要努力兑现。如果我们失信于人，就等于贬低了自己。如果我们在履行诺言过程中情况有变，以至无法兑现自己的诺言，就要向对方如实说明情况并表示歉意。这与言而无信是完全不同的两件事，所以说树立诚信要从点点滴滴做起。

日常生活中，我们经常遇到一个作弊的问题，它的实质就是作假。从原则上、理论上来说，我们都有必要完全反对作弊。但是，有些时候，你却不得不面对一些实际问题，那作弊还是不作弊？我的理解是：一是能不作弊决不作弊。二是选择弃权，这事我不干了，全当不知道，不参与。交给别人去办，相信别人比我更有办法，他会想到两全其美的办法，反正我不作弊。三是各方面的情况综合来看，这个弊非作不可，这个假非造不可，那么，以不伤害社会和他人为底线。

第九节　与人分享

天气预报节目的广告词是："分享阳光，分担风雨。"我很欣赏这句话。它道出了做人的真义：分享。从广义角度来理解，分担也是一种分享。阳光需要分享，风雨也需要分享；快乐需要分享，痛苦也需要分享；收益需要分享，风险也需要分享。一句话，人生需要分享。

有一则关于苹果的故事流传很广。说有一个单位发了一筐苹果，里面有些苹果已经开始坏了。第一个人从已经开始烂的苹果吃起，结果吃到最后，一直吃的都是烂苹果。另一个人则从最好的苹果开始吃起，把坏得比较严重的苹果扔掉，结果吃到最后吃的大多是好苹果。其实，我最喜欢的一种结果，或者说，如果是我，我的做法是：留下部分自己吃，其余的拿来送人。学会与人分享，苹果就不会坏了。如果下次别人有了苹果，或是其他什么东西，他也会拿来与大家分享。即使没有回报，也避免了浪费，你也会得到施予的快乐。

有人给"朋友"下了个定义：朋友就是能在一起分享秘密的人。想想是有一定道理的。朋友间需要分享，分享你的痛苦与快乐，分享你的心事，分享你的秘密。把快乐与人分享，你得到的是双倍的快乐；把痛苦与人分享，你的痛苦将减轻一半。你愿意与别人分享，别人才愿与你共享。不懂得与别人分享的人，不会有真心朋友。

当然，一个人更愿意与人分享快乐，讲讲自己出彩的事，高兴的事，报喜藏忧，这相对容易做到。事实上，心理学家的研究表明，人更需要分享痛苦。当你心中有压抑和痛苦的时候，你不妨让朋友、同事、同学和你一起分享。当你和别人分享的时候，你就会发现你的心灵平静了许多。这是什么道理呢？我们来看一看爆炸和燃烧现象，也许就明白了。

在现实生活中，燃烧和爆炸是很普通的现象。学过物理我们知道，燃烧和爆炸其实是一回事，爆炸的实质就是燃烧，这是在有限空间和时间内的爆发，能量在瞬间释放，就产生了爆炸。爆竹就是根据这样的原理制成的。又如地震，古时叫地动，根据板块理论，大地随时都在动，如果能量积聚到了一定的程度，释放不出来，那就要地震。其他的现象还有火山爆发。

我们的感情也需要释放，但是要有所缓冲，如果思想上情感上瞬间的爆发，就要引发问题，甚至搞成神经病。与人分享你的情感，就是一种缓冲。把你的情况、你的痛苦、你的压抑找个人说说，仅仅是说说而已，他可能帮不了你什么忙，甚至连一个可有可无的建议也没有，仅仅陪你说说话，仅仅陪你流流泪，都会收到很好的效果。因为，这是一种缓缓地释放，说一说，哭一哭，心里就已经好受多了。有一些人，习惯于将痛苦和压抑自己扛，实际上他的心仍然在痛苦地燃烧，久而久之，如果长期没有向外释放，就可能在瞬间爆发，那就是"爆炸"，给自己、给他人、给社会带来极大的伤害。

分享是付出，也是收获；是舍，也是得。现在我们知道，"舍得"是一种极高的经营智慧。当年，万千浙商在风浪中崛起，全国都把目光投向他们，都想知道：浙商凭什么？于是，有了很多关于浙商的报道，得出了很多的答案。如果把这些答案归结起来看，就是两个字：舍得。有舍才有得，说白了，也就是一种"分红共利"的思想，你赚钱，也要让别人赚钱。现在的很多公司，就实行"分红"制度，让公司上下，让所有持有公司股票的人，都能分享公司的发展收益。

如果你机关算尽太聪明，就没有人想和你做生意了。曾经有一家非常有名的乡镇企业，乘着改革开放的东风，得到了极大的发展。企业大了，要搞建设，"肥水不流外人田"，他们不愿意钱被别人赚走了，于是建起了砖瓦厂和建筑队；为了拉砖，他们建起了运输队；为了使运输队的货源充足，他们开始办煤矿；为了煤的销路，他们又办起了火电厂……就这样，这家红极一时的企业，被这些沉重的包袱拖垮了。事后，那家企业的老总在总结教训时沉痛地说："钱是赚不完的！什么钱都想赚，结果连老本都赔光了。"

第十节　勇于担当

说起担当，我的头脑中便会浮现出去年抗震救灾中的一些场面：

有一些人，当人们都尽可能地往外撤的时候，他们却在往里冲，往最危险、最困难、最偏远的地方冲去！面对记者的镜头，他们说："我是军人！"

有一位村支书，他自己也失去了几位亲人，包括他最疼爱的儿子。悲痛没有击倒他，他站出来，组织灾民进行自救，维持秩序。记者采访他，他说："我是党员！"

有一名可爱的小学生，胖乎乎的，他冒着余震，用自己稚嫩的双肩救出了好几名同学。记者问他为什么要这么做，他不好意思地搔搔头，说："我是班长！"

有一位老师，他和两名学生躲在讲桌下，他用身体护住了这两名学生，自己凝成了雕像。我想，如果一定要他说点什么的话，他一定会说："我是老师！"

有一位母亲，她用生命呵护了襁褓中的婴儿，手机上有一句没有发出的短信："孩子，记住，妈妈永远爱你！"不要再问她为什么了，我们都听懂了她的话："我是妈妈！"

……

这就是担当，就是在面临困难、灾难、危险、问题、任务之时，表现出来的对于责任的一种担当。不逃避，不推诿，主动承担，积极应对，争取最好的结果。其全部含义在于责任，没有担当的人就是一个不负责任的人。

对摩天大楼而言，担当是钢筋板、水泥柱，担负起整幢大楼的全部重量；对参天大树而言，担当是树干，担负起枝叶的养分需求；对我们人类而言，担当是肩膀，担负着对国家、对民族、对集体，甚至对人类社会的责任。勇于担当的人，他们是国家的柱石，他们是民族的脊梁。

大家应该知道文天祥，他是我们的民族英雄。他是南宋理宗时的状元，是一个文官。但当国家、民族处于危难之时，他挺身而出，在家乡起兵抗元，亲自领兵打仗。当时，元兵势盛，腐败无能的南宋根本无力抵抗。在朝廷妥协议和中，他因坚决抵抗而被拘禁，后来得以逃脱，转战于赣、闽等地，于1278年在海丰（广东海丰）兵败被俘，送到蒙古帝国首都大都（今北京）囚禁，始终拒绝投降。四年后（1282 年），宋帝国已亡了三年，他拒绝投降如故，忽必烈才下令把他杀掉，他是宋帝国最后一位殉国的大臣。

很多人记住文天祥，是因为他的忠诚，连皇上都投降了，他也不投降。但实际上他的这种担当精神，也是非常值得称道的。实实在在地说，文天祥带兵打的胜仗不多，更没有什么可圈可点的经典战例，但他一介文官，临危受命，屡败屡战，稳定了军心，凝聚了民心，为风雨飘摇的南宋朝廷撑起了一片天空。"挽狂澜于既倒，扶大厦于将倾"，这是一种勇气，一种精神。

还有一位响当当的汉子，他的担当精神让世人所景仰。那就是我们敬爱的彭德怀元帅。他在土地革命战争、抗日战争、解放战争的炮火硝烟中，浴血奋战，一路走来。好不容易建立了新中国，可以喘口气，歇歇了。可是，朝鲜战争又打响了，彭总临危受命，挂帅出征，抗美援朝，一鼓作气，把美国人打回了谈判桌上，让世界瞩目。毛泽东写过一首诗："山高路远坑深，大军纵横驰奔。谁敢横刀立马，唯我彭大将军。"好个"横刀立马"！这就是将军的担当！

将军有将军的担当，我们老百姓也有老百姓的担当。

看过一篇报道，说的是一名普通的长途车司机。车子行驶到山区的一条弯道上，一名歹徒从座位上跳起来，叫司机停车，开始抢劫。一车人面对歹徒，没有人敢吭声，乖乖地掏出钱物，交到歹徒手上。司机停好车，没有说话，从座椅后抽出一条铁棍，跨到车厢里，几棍将歹徒击倒在地。这时，乘客们开始拿出了"打死老虎"的勇气，大声喊叫着："打死他，打死他！"出人意料的是，司机举棍护在倒地的歹徒面前，大声喝道："谁也不要动！"然后，司机把车开到离得最近的一个派出所，把歹徒交给了民警。

我们应该为这名司机鼓掌！乘客的行为也让我们深思！我们是共和国的公民，就要负起公民的责任，这是我们每一位公民的担当。现在强调要有"公民"意识，就是这个意思。

也许我们做不了什么轰轰烈烈的大事，甚至也没有见义勇为的表现机会，但我们可以从身边的小事做起，来担负起自己的社会责任。比如，对于违反社会公德的行为进行反对、谴责，发出自己的声音，可能于事无补，但我们已尽力；比如，注意身边的环保，不用塑料袋，不浪费资源，把纸张两面用，节电节水等。"天下兴亡，匹夫有责"，做好自己的事，尽好自己的责，这就可以了。

第十一节　过则改之

一个人对待错误、对待问题的态度，往往能更加真实地反映他的担当精神。

我们都学过《秦晋崤之战》这篇课文。秦穆公不听蹇叔等谋臣的劝告，做出了伐郑的决策。从当时的情况来看，远离本土，劳师袭远，这是一个非常错误的决策。他任命了三员大将，孟明视，白乙丙，西乞术。这三个人带领大军，半道上碰上了郑国的牛贩子弦高。这个牛贩子上演了一出"弦高犒师"的把戏，把秦国大军给忽悠了。三员统帅一看郑国已经知道了他们的偷袭计划，只好无功而返，顺便把一个小国家滑国给灭了。回来的路上，却遇上了晋国军队的埋伏，全军覆没，三员大将也给抓住了，因为晋国的夫人是秦穆公的女儿，她为之求情，这才把三人给放了。三人逃跑回到秦国后，秦穆公不仅没有加罪，而且亲自远迎郊外，主动承担了这次军事行动失败的全部责任。三年后，秦晋再战，秦军终于取得了胜利。

我们都有出问题、犯错误的时候。怎么对待，将对我们的生活、工作带来重大影响。当一个人遇到问题、出现错误的时候，往往会有以下几种态度。

一是怨天尤人，不知所措。一遇到困难和问题，有些人可能就会非常生气，觉得老天对他不公，朋友对他不义，头脑中被恐惧、担忧、不安、失败所占据，不做丝毫地努力去进行补救。我们知道"纸上谈兵"这个成语，讲的是赵国的大将赵括，他顺利通过了赵王组织的面试，带领40万大军与秦军作战。由于他指挥失误，40万大军陷入了秦军的包围。据后来的分析显示，这个时候，以赵军的实力，如果就地决战，拼个鱼死网破，虽然胜算不大，拼一拼却还是可以的；也可以避实击虚，乘势突围。但赵括却陷入了恐惧与犹豫之中，他像一个迷路的孩子，根本不知道怎么应对，只知道坐在地上哭。由于他的犹豫不决，耽误了宝贵的突围时间，秦军把他们包围起来，投降之后，40万秦军被全部活埋。

二是逃避责任，弄虚作假。一出问题，有些人的第一反应就是那不是我的责任。于是找客观原因，推卸责任，比如，是别人不配合，或是条件不具备，总之，那不是我的错。有些人甚至掩盖真相，逃避追究。结果，错误越犯越大，问题越来越多，造成无法弥补的损失。有一家著名公司，它的老总以善于投资著称，业绩一直不错。但有一次投资行为，让这家公司损失了不少钱。当时，如果他及时把情况向总公司汇报，这点钱对一家世界级公司来说，没什么大不了的。但他隐瞒了这次失败的投资。同时，为了掩盖真相，他开始做假账，报假情况，而且，他孤注一掷，疯狂投资，想把亏的钱赚回来。这次，正好遇上了经济危机，窟窿越来越大，最后，他亏掉了一百多亿，拖垮了整个公司。

三是勇于担当，冷静处理。问题已经出来了，那我们就坦然承认自己的错误，向大家道歉，承认自己工作中的失误，并希望大家在以后的工作中指出自己的错误，尽量减少可能有的损失。"空城计"是《三国演义》中大家耳熟能详的一个故事。诸葛亮由于误用马谡，失了街亭。司马懿大军很快就要攻到，如果采取几种常规的方法，都会付出惨痛的代价。无奈之下，诸葛亮才唱了这出"空城计"，他的镇定自若，让多疑的司马懿不战而退。事后，诸葛亮主动承担了责任，认真总结经验教训，挥泪斩了马谡，并自贬三级。

坦诚地承认错误，然后采取正确的方法，积极应对，这实在是我们做人的一种法则。在责任和借口之间，责任永远比借口更有说服力。有一句名言，叫做没有任何借口。如果你愿意，要找借口，找理由，你可以找到千万条，但是，即使你有千万条理由，该做的事情没有按时完成，那就是你的失职。

遇事总喜欢找理由、找借口，这种态度是非常危险的。有些人为了逃避追究而编造借口，博取同情，免受处罚，然后自鸣得意。一旦这种编造借口逐渐习惯成自然，撒谎的技巧渐趋熟练了，你也就积习难改了。这其实也是一条不归路，因为从你开始编造谎言那一刻起，你就很难再有其他的选择了。你将不会自我完善，犯过的错误你依然会再犯；你不会得到别人的谅解，因为你没有诚信；你辜负了同事的信任，因为你曾经的欺骗。所有的后果、恶果都会接踵而来！太多的理由，太多的借口，你已经被自己的舌头缠住了脚。所以在责任面前，不要讲理由，能承担就承担；不能承担，你讲再多的理由，也是废话。

人活在世上，要取得成功，就一定要做事情，而做事情就可能会犯错误。其实，是人都会犯错误，"圣贤"自然也不例外。但圣贤所以为圣贤，他们长于常人的地方就是因为他们错了，会承认错误，而且能够改正错误。孔夫子曾说："吾日三省吾身。"所以要"省"，就是因为他知道他也可能会有错误，但每天反省自己，就能够时时提醒自己不要再犯类似的错误。你犯了错误，如果那错误很小，也没有造成较大的损失，而你为了你自己的所谓"面子"而不承认，大家就会认为你连这么一个小问题都不敢承担，如何能有大的作为？如果你犯的错误很严重，造成的损失巨大，公司或单位人人皆知，而你这时候如果再不承认自己的错误，甚至一味地搪塞、狡辩，这样就是顽固不化，只会引起别人的反感，没有人会信任这样的人。

第十二节　将心比心

一把坚实的大锁挂在大门上，一根铁杆费了九牛二虎之力，还是无法将它撬开。钥匙来了，它瘦小的身子钻进锁孔，只轻轻一转，大锁就"啪"地一声打开了。铁杆奇怪地问："为什么我费了那么大力气也打不开，而你却轻而易举地就把它打开了呢？"钥匙说："因为我最了解它的心。"每个人的心，都像上了锁的大门，任你再粗的铁棒也撬不开。唯有将心比心，才能把自己变成一只细腻的钥匙，进入别人的心中，和大家和谐相处。

了解是理解的基础。只有互相了解，才能更好地理解。这样交往才可能长久。古人有个说法，叫"管鲍之交"。这是一个典故。管仲我们所熟知的贤相，他辅佐齐桓公成就了霸业。但管仲在齐国之所以能够施展抱负、建功立业，除了本身的才干外，鲍叔牙功不可没。鲍叔牙是管仲的同邑好友，对管仲的才学和为人知之最深。二人一起外出经商，管仲多取财利，鲍认为他是家贫要养活老母亲而不是贪心；管仲曾为鲍出谋划策，经实践却未成功，鲍认为是自己时运不济，而非管仲愚笨；管仲三次为吏，均被上司辞退，鲍不以为他无才，而是他的上司不会用人；管仲当兵打仗，三次均临阵脱逃，鲍不以为他是胆小，而是怕自己死后，老母亲无人奉养。而当管仲成为齐桓公的阶下囚时，鲍叔牙基于对管仲的了解，极力劝说齐桓公尽释前嫌，拜为相国。而自己则甘居于管仲之下。没有鲍叔牙对管仲的了解，管仲的任何一种行为都会让人不齿，难以在社会上立足，也不可能施展什么抱负和才能。

了解可以从记住对方的名字开始。别人能够记住自己，总是让人感动的一件事。所以，与人交往，我们要尽可能快地记住对方的名字，尽可能多地掌握对方的信息。有一位老师，他非常受同学们的欢迎，大家都喜欢他。究其原因，原来，每次新学期开学，他都能在很短的时间里记住每名新生的名字，甚至家里的小事，他也常常问起，让人倍感亲切和温暖。后来我到他的办公室去，见他拿着一个花名册，上面贴着学生的照片，后面记着班里学生的相关情况。我恍然大悟，这就是他能很快记住学生情况的秘诀。

了解也好，理解也好，我们必须是真心实意、发自内心地尊重对方、信任对方。心理学家告诉我们：把别人想象成天使，你就不会遇到魔鬼。这是一个建立在科学实验基础上的经验。曾有心理学家作过这样一个巧妙的实验：实验者让两组人员给一位女士打电话。告诉第一组人说：对方是位冷酷、呆板、枯燥、乏味、难以相处的女人。告诉第二组人说：对方是个热情、活泼、开朗、有趣、善良的女人。结果发现，第二组人与那位女士的交谈非常投机，通话时间也明显比第一组人要长，而第一组人员甚至很难与那位女士顺利地交谈下去，这是为什么呢？道理很简单，第二组人把那位女士想象成是一个幸运的"天使"，把她看做是一个"热情、活泼、开朗、有趣、善良"的人，并以同样的态度与之交往，而第一组则相反。

古人讲："己所不欲，勿施于人。"这是什么意思呢？我想，就是将心比心的意思，你自己都不愿意的东西，也不要让他发生在别人身上。如果顺着孔老夫子的话延伸下去，你自己想要的东西，人家也想要，那就叫推己及人。设身处地地为别人着想，用爱心奉献，得到的是内心的充实、人格上的完满和思想境界的提高，这样的人活得更舒坦，更有质量。

但我们要注意一个误区，不能主观臆断，把自己的想法强加于人。有一家人养了一头羊。一次，家里的大人有事外出，叮嘱小孩子喂羊。一周后，大人回家，发现羊早已饿死在圈中。小孩委屈地说，我把家里珍藏的好东西都拿出来了，奶油、面包，平时自己都舍不得吃，拿来喂它，它还不吃，饿死活该。小孩的父母哭笑不得。小孩的错误在于：他忽略了羊的需求。

自己喜欢的，别人就一定会喜欢吗？小孩喜欢的，羊就不一定喜欢。羊的要求并不高，它所要的，仅仅是一把青草而已。日常工作和生活中，好心办坏事的情况并不鲜见。

所以，还是要多替别人想一想，将心比心，以心换心，这样很多事情就好办多了。有时，不妨直接进行交流与沟通，听听别人的意见，看看别人的反应，然后再行定夺。唐代朱庆余有一首名诗："昨夜洞房停红烛，待晓堂前拜舅姑。妆罢低首问夫婿，画眉深浅入时无？"这首诗看似新婚的小媳妇问自己的老公："我这身打扮怎么样？大家能不能看得顺眼呀？"实际上问的是：当权的长官们要选什么样的人才？我行不行呀？问得很婉转，很有诗情画意。

古人的做法很有借鉴意义。如果你拍电影电视，要想想观众想看什么；如果你讲课，要想想学生想听什么；如果你替别人办事，就要想想别人想要什么。

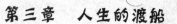

第十三节　广交慎友

说起朋友，在我们的心里，总会闪现出一些让人温暖、亲切的面孔。"有朋自远方来，不亦说乎？"这是孔子对朋友的感受。"五花马，千金裘，呼儿将出换美酒。"这是李白要招待自己的朋友了。

如果问："你有多少朋友？"一定有很多人答不上来，即使能够回答得出来，大致也都是学生时代的同学或办公室里合得来的同事，所想得出来的不过几个人而已。这些人虽然也可直接结为朋友，但是严格讲起来，朋友的关系范围应更广，基础更深才行。

其实，我们所认识的人当中，有这么几个层次：一是熟人。点头之交，一面或几面之缘，认识而已。二是普通朋友。有一些交往，但没有更多、更深的接触。三是好朋友。投缘合意，能说到一起，能玩到一起。四是知心朋友。刎颈之交，可以为之生，可以为之死，知音知心知己。

这是一个逐渐缩小的圈子。特别是知音知心知己之人，总是非常少的。像岳飞这样的大英雄，他写过一首词《小重山》："昨夜寒蛩不住鸣。惊回千里梦，已三更。起来独自绕阶行。人悄悄，帘外月胧明。白首为功名。旧山松竹老，阻归程。欲将心事付瑶琴。知音少，弦断有谁听？"一句"弦断有谁听"，多少无奈，一

声叹息！

一首歌中唱道："结识新朋友，不忘老朋友，朋友多了路好走。"要想更好地立足于社会，就要尽可能多交几个朋友，来拓展自己的人际关系。只有朋友多了，视野才更开阔，生活才更充实，自己的路才会越走越宽。

怎样拓宽自己的交友圈呢？一句话：对朋友的要求不要太高。有这样一则寓言：

黄牛看见狐狸在树下呜呜地哭，问他为什么悲伤。

狐狸抹了一把眼泪，说："人家都有三朋四友，唯独我孤零零的，心里难受哇。"

黄牛问："花猫不是你的朋友吗？"

狐狸说："花猫与我交友一载，没请过我一次客，这算什么朋友？我早跟他散伙了。"

黄牛问："山羊不是你的朋友吗？"

狐狸摇摇头，说："山羊与我结拜半年，从未给过我一分钱的好处，还有啥朋友味儿？我早跟他断绝来往了。"

黄牛长叹了一声，问："听说你曾经跟大黑猪的关系还可以？"

狐狸气得直跺脚，说："我早把他给踢了！你想想，大黑猪能帮我什么忙？当初我根本就不该认识那个蠢家伙！"

黄牛戏谑地一笑，调侃地说道："狐狸先生，我送你一样东西吧。"

狐狸眼睛一亮，心想这下可以讨到便宜了，立刻止住哭，问道："什么东西？"

黄牛扭过头，扔下一句："贪鬼！"头也不回地走了。

大千世界，各人有各人的性格、短长。有人说，要和比自己强的人做朋友，但问题是，如果对方也是这种态度，那你就没有资格成为他的朋友了。强的不愿和你交朋友，弱的你又不愿，最终只能是孤家寡人一个。其实，人人都有自己的长处。"坚车能负重，渡河不如舟。骏马能历险，耕田为如牛。"要客观地看待周围的人，真诚地向他们学习，真诚地和大家交朋友。

不可回避的是，朋友有好坏之分，好朋友会给你的人生带来巨大的帮助。而坏朋友则可能给你带来许多麻烦，引你走上邪路，甚至给你带来灾难性的后果。有一个大学生，上网时认识了一位朋友，那位朋友带他到自己租住的地方玩，出于好奇，他跟着学会了看黄碟、吸白粉，后来因为打群架砍伤人被劳教，他就是这样被"朋友"带着走了一条不归路。这样的例子并不少见。

所以，我们还是要坚持一个基本的择友标准。古人交友有三条标准：友直，友谅，友多闻。友直是正直的意思；友谅则是诚信之友；友多闻，就是见识广博。其实，我们大可把标准放宽一点，那唯一的一条就是善良。或者说，这个人不坏就行。"路遥知马力，日久见人心。"一个人能不能做朋友，时间长了，自然就清楚了。

第十四节　让与争

中国是一个礼仪之邦，礼让是我们的优良传统。春秋之时，晋楚发生战争，晋文公为报当年礼遇之恩，晋军主动退避三舍，一舍三十里，三舍就是九十里。楚国以为是晋国软弱可欺，乘势追击。退让换来了诸侯道义上的支持和晋国军民同心，最终晋国取得全胜。

礼让的实质是适当妥协。"妥协"一词在人们工作生活中经常遇到、用到，而且在很多场合是以贬义的形式出现的。通常人们把它当作软弱可欺、无立场、无原则的代名词。其实，这是对它的误解，《现代汉语词典》中就将其解为：用让步的方法避免冲突或争执。

妥协是一种生活艺术。人与人之间、人与社会之间是一个矛盾的集合体，相互之间的联系盘根错节、关系错综复杂。正确处理彼此之间的矛盾能够缓解紧张气氛，避免无端消耗，而错误处理彼此之间的矛盾则可能导致矛盾升级，关系恶化。成功地运用妥协的手段不失为解决矛盾的一条佳径。

家庭生活中繁杂琐事很多，夫妻之间、兄弟姐妹之间、父母子女之间磕磕碰碰、争争吵吵在所难免，以相互体谅的方式看待之、处理之，则心情和畅、家庭和睦、生活和美；而矛盾双方针锋相对、互不妥协，则心情不畅、家庭不睦、生活不美。生活需要妥协，妥协更强调从对方角度出发看待问题，积极换位思考，正确认识问题，主动作出合理让步，为矛盾的化解创造有利条件。妥协其实是生活中处理人际关系的一剂润滑剂。

社会就像一张网，错综复杂，在与人的交往中，难免与人产生误会或磨擦，我们是选择锱铢必较、睚眦必报，还是选择礼让三分、笑泯恩仇呢？善待恩怨，学会尊重你不喜欢的人，我们会发现不仅少了一份怨恨，多了一份快乐，甚至还会赢得更多的尊重，收获更多的友谊。清康熙时期大学士兼礼部尚书张英，老家亲属因为盖房子争地皮的事情，与隔壁叶家发生了冲突。张老夫人便写信要儿子出面干预，张英从京城往老家安徽桐城寄了一封信，信中是一首诗："千里修书只为墙，让他三尺又何妨。长城万里今犹在，不见当年秦始皇。"张老夫人看后，主动退让了三尺，叶家一看，人家风度如此之高，也羞愧不已，同样退了三尺。作为桐城一景的六尺巷至今仍在向人们告诫着：让是一种美德。

妥协还是一种处世哲学。与积极介入、强势主导相比，妥协是一种处世哲学，超然于局外，脱俗于世风，它讲求和而不同，追求的是一种和谐之美。我国著名作家沈从文，他一生坎坷，历经磨难。如果大家到他的故乡湘西凤凰去，可以看到他的墓碑，设计得非常有趣。这是一块天然的石头，正如从文先生的质朴。墓碑的正面刻有16个字："照我思索，能理解我；照我思索，能认识人。"反面也刻有 16 个字："不折不从，星斗其文，亦慈亦让，赤子其人。"这背面的 16 个字，是美国汉学家张充和写的挽词，如果把每句话的最后一个字连起来读，就是"从文让人"。

"让人"，是一种胸怀，也是一种智慧。王蒙、余秋雨等大师级人物的作品中，也一以贯之地流露出这种人生智慧。从某种意义上来讲，正是这种让人，成就了他们自己。

妥协说到底是一种雅量。这是包容一切、兼收并蓄的胸怀。有一种说法叫"感谢对手"。其实，感谢不一定必要，但重视却是必要的。对手说的某些话，说的某些事，是不是那么回事，对手都是专拣你的软肋在攻击，他在为你找弱点，当你把这些问题都弥补过来的时候，你就在发展，你就在成长。

妥协是有限度的。鲁迅曾在他的文章里讲过豪猪的哲学。冬天里豪猪挤在一起用身体取暖，但豪猪浑身是刺，靠近了就要刺得对方难受。于是在不断的磨合中，它们就找到了彼此接受的适当距离，既能够互相取暖，又不至于互相伤害。这其实是一种互谅互让的哲学，以"互利共赢"为目标，以"互不伤害"为前提，以"彼此接受"为原则。比如，五个人晚上准备一起去吃饭，有的想吃火锅，有的想吃中餐，有的想吃小吃，有的想吃面条，所谓众口难调，我们应该怎么办呢？通常有以下几种解决方式，以职务高，或是威信高的人为准，我们都听他的；或是以请客的人，或是组织这次饭局的人为准；再或者，以少数服从多数的举手表决来定；当然，也有可能因为达不成一致意见，有些人就不参加这个饭局了，搞成不欢而散。这个时候，就需要一点"糊涂哲学"，吃饭问题不是什么大问题，吃啥都是吃，根据当时的情况灵活确定，随便一点，将就一点，妥协一点，没什么大不了的事，尽量不要搞得不欢而散。

所谓"当仁不让"，原则问题不能妥协，不能让步。当年，素有"铁娘子"之称的英国首相撒切尔夫人和邓小平谈判香港回归的问题。小平同志斩钉截铁地说："主权问题是不可以谈的。"谈的，只是回归的具体细节问题。后来，大体是按小平同志的意思来办的。

与"让"相对的，是"争"。这个世界充满了竞争。有合作就有竞争。现代社会，是一个充满竞争的社会，而且竞争越来越激烈。国与国之间，讲综合国力的竞争；公司与公司之间，讲商业竞争。人与人之间，也有一个竞争的问题。从小到大，什么都要竞争。从求学到升学，从学校到工作，从个人到单位，从商战到科研，无不充满了竞争。一个社会也好，一个团体也好，没有竞争就没有发展。垄断就没有竞争，"大锅饭"也没有竞争，可结果呢？垄断和"大锅饭"，都是社会进步的绊脚石。何况，你不与人争，人却要与你争，你不想争，未必就有助于问题的解决。

所以，我们还是有必要树立正确的竞争观，提高自己的竞争力，在这个竞争日益激烈的时代，找到适合自己的立足之地。

其一，要敢于竞争。说到竞争，我想起一个成语叫"争先恐后"。这个成语很有意思，现在是奋勇向前、害怕落后的意思，但最早却不是这个意思。晋国的著名车把式王子期与赵襄子赛车，赵襄子老是赛不赢，便责备王子期没有诚意搞技术转让。王子期回答说驾车要注意马，而您老光盯着我。"今君后则欲逮臣，先则恐逮于臣。夫诱道争远，非先则后也，而先后心皆在于臣，上何以调于马？"是啊，您老盯人不盯马，管人不管马，对赛事中必然出现的先先后后的变化情况缺乏心里承受力，患得患失，计较名次，非欲压倒对手不可，越是这样越不能调理好马，不就越跑越不快了吗？可见，"争先恐后"的原意是指患得患失的浮躁情绪，含有贬义。对我们来说，还是要像"争先恐后"的现在意思那样，不甘落后，奋发有为。其实，竞争的过程，本身也是一种提高能力素质的过程。即使输了，也是有收获的。而且，我们要尽量与高手过招。我曾有过这样的感觉，百米赛跑时，如果和跑得很快的人分在一组，即使跑不过他们，自己的成绩也是不错的；如果和跑得很慢的人分在一组，即使是小组第一，成绩也不怎么样。所以，要想提高自己的成绩，还是要以高手为对手。

其二，不作无谓之争。这是一种没意思的竞争，当然也是一种必败的竞争。我们都熟悉龟兔赛跑的故事。事实上，当兔子决定与乌龟赛跑时，它就已经输了。大人去和小孩子打架，打赢了也没人说你好，如果打输了呢，更让人笑话。寓言中，老虎不接受老鼠的挑战，就是这个道理。余秋雨在《小人》一文中也曾有过精辟的论述。有一则笑话，也很能说明问题。说的是大诗人歌德在公园里散步，与一位批评家在一条仅能容一人通过的小路上相遇。批评家说："我从来不给蠢货让路。"歌德笑着退到路边说："我恰恰相反，请先生先走。"

其三，要通过正当的途径竞争。《孙子兵法》说："以正合，以奇胜。""正合"是"奇胜"的前提，否则就是违规、越轨。也就是说，出点"奇招""怪招"是可以理解的，但一切都要在规则允许的范围之内行动，至少你不能违背"反不正当竞争法"吧？比如考试，你就要凭自己的真才实学，如果作弊，那就要出问题。强胜弱败是战争的基本规律，也是竞争的不二规律，心存侥幸是不行的。曾国藩创立湘军与太平军作战，最终他打赢了。靠什么呢？靠他的坚忍，他打的是"呆仗"，步步为营，稳扎稳打，"扎硬寨，打死仗"，咬着就不松口，围着就不松手，打安庆是这样，打"天京"也是这样。所以，关键是提高素质，把自己搞强大，慢一点无所谓，胜利终归是自己的。我羡慕武侠小说中"华山论剑"式的挑战与应战，那样的对手，无论输赢，都让人心服。歪门邪道的东西，也许短期内看着好，但终不是长久之计。武侠小说里有很多这样的例子，正派武功来得慢，循序渐进，容易达到较高的层次；邪派武功来得快，来得猛，但长此以往，就容易"走火入魔"。所以，还是那句老话："邪不胜正。"

应该说，让和争都是人际之间的正常现象。没有礼让，世间会缺少温情，社会会缺少和谐；没有了竞争，国家民族就没有了活力，社会进步就失去了动力。但是，让于当让之时，争于当争之际，让止于礼，争合于道，礼让和竞争都应有一个合于道德和法制的规则和尺度。让与争离开了必要的规则和尺度，那么，让，只能是虚伪甚至阴险，而争，只能是只问目的，不择手段。这两者，都是需要我们避免的。

第十五节　微妙的关系

"关系"这个词很简单，但你要它说清楚却很难。说这个社会复杂，复杂就复杂在人际关系上。

决定一个人前途的，主要有两个方面的因素，一个是自身能力素质强弱，一个就是人际关系的好坏。据说在新东方，被辞退的人大部分都是因为人际关系搞不好，而不是因为他们工作不认真。其中有的人工作极其认真，能力也比较强，但是他把所有的人都得罪了，结果弄得自己没办法混下去了，只好离开。

事实上，人际关系的影响不仅仅是个人前途问题，还有爱情、友情、心情，等等。

所以，我们有必要重视这个问题，正确认识人际关系，妥善处理相互关系，积极构建和谐关系，使自己的工作、学习、生活有一个良好的人际环境。

要摆正心态，正视关系。这里最主要的，在于怎样看待"关系户"的问题。也就是那些与官员、富人有裙带、附属或者其他什么关系的人。这是一个不容回避的问题。

曾读过麦子写的一篇文章《我奋斗了18年才和你坐在一起喝咖啡》，讲的是一个农家子弟，经过18年的奋斗，才能取得和大都市里的同龄人平起平坐的权利。后来，一位笔名优游的先生也写了一篇《我奋斗了18年不是为了和你一起喝咖啡》，讲的仍然是一个农家子弟奋斗的艰辛，而一位身为富家子弟的同学，他的人生之路就简捷平坦多了。他们的文章引起了很多人的共鸣。

我把这种现象称之为"起跑线不同的赛跑"。这是一种普遍现象。"王侯将相，宁有种乎"，这是一种豪气。但在事实上，王侯将相之种，他就有一个基础不一样的问题。"龙生龙，凤生凤，老鼠生儿打地洞。"你要寻求绝对的公平，恐怕是要失望的。我想起了茅于轼先生关于"公平"的论述——人的不平等的原因有两类：人在进入社会参与竞争时各种条件的不平等，即起点不平等；在竞争过程中各人主客观条件的不平等，即终点不平等。真正的平等既非起点的平等，也非终点的平等，而是竞争规则的公平。是的，无法改变起点不平等，也无法做到终点的公平，只希望竞争规则的公平。期待这个社会的每个人都能平等地追求自身的幸福和实现自身价值，无论身处哪一个阶层，都能沐浴在公平

的光芒下，有尊严地生活着。

我们要正视这种差别，大可不必怨天尤人。特别是不要有仇富、仇官的心理。把富人等同于坏人，把官员等同于腐败，这是不可取的，也是于事无补的。我们要做的，是不攀比、不忌恨，努力争取规则的公平，通过自己的努力，开辟一片新的天地。

说了半天，也许，你恰恰就是一个"有关系"的人。其实，这也是很正常的事，没有必要回避什么。一方面，你不要迷信这种关系，不要有"背靠大树好乘凉"的想法。另一方面，也不要把所谓的"关系"当作负担，反而影响了自己的发展。关系可以作为"催化剂"，但它不参与反应，关键还得靠你自己。我敢断言，比尔·盖茨、李嘉诚等人，他们决不是靠关系起家的。

同时，我们要妥善处理、理顺关系，并积极构建有益的人脉关系。关系是建立起来的，从没有关系，到关系密切，到关系和谐，这是一个构建、经营的过程。我们要处理好人际关系，使自己成为一个受欢迎的人。

当然，我们要走出庸俗关系学的误区。有些人处心积虑地搞关系，为构建关系网，屡屡触碰法纪网。我们看现在查一些贪官、奸商的问题，拔出萝卜带出泥，一扯就是一窝，这是他们苦心经营关系网的结果。

在纷繁复杂的关系之中，如果我们把它简化，可以按照古人的方法，把最为密切者归为"五伦"。所谓五伦，指的就是五种人际关系：父子、夫妇、兄弟、君臣、朋友。这里的君臣，我们可以代指上下级关系。人是社会性的动物，每一个都不能离开人群而独处。而五伦，正是与每一个人都关系最为密切者。任何一个人，能够处理好这五种与自己最为密切、最为重要的人际关系，就可推而广之处理好其他一切人际关系。

第十六节　保护自己

社会是一个矛盾的统一体，有光明，也有黑暗；有真实，也有虚假；有美丽，也有丑恶。如果把一切都想象得那么美好，就会大失所望。我们还是要做好心理准备，正视社会生活中的消极、阴暗面，去面对各种各样的人，去处理各种各样的事，去迎接可能遇到的风风雨雨。

现在一些人主张人与人之间交往要"不设防"。我觉得这是一个值得商榷的问题。将心比心，以心换心，都是可以的，但是，如果说完全"不设防"，恐怕就会引发很多问题。特别是对于中学生而言，免疫力和防护力本身就很弱，如果再不设任何防护措施，那就是很危险的事。

有一家地方电视台做过一个节目，对象是各年龄段的小学生，事先与孩子的家长商定，把孩子一个人留在家中。然后让工作人员冒充孩子父母的朋友，去敲孩子的门。结果有近60%的孩子，被骗开了房门，其中有近30%的孩子，听到敲门声，没有问对方是谁，直接就打开了房门。试想，如果敲门的是坏人怎么办？

古人早就告诫过我们："害人之心不可有，防人之心不可无。"我们毫不怀疑，人间自有真情在，世上还是好人多。但是，我们更不可否认，这个世界还会有很多的骗子，很多的小人，很多的陷阱，很多的伤害。我们必须设几条基本的防线，保护自己，免受伤害。

预警防线。军事上，预警能力是战斗力的重要标志。由于运用了雷达、电子飞机，相当于我们有了"千里眼""顺风耳"，能够预先发现敌人的行踪，发现敌人的企图。预警防线就是要正确地认识人，把人认准、看清，防止上当受骗。如果去算命，算命先生大多会告诉你，你身边有小人。这话大抵是放之四海而皆准的真理。问题是，他名片上不印，额头上不刻，又没有明显的标志，这就需要我们注意他的言行。"君子坦荡荡，小人常戚戚"，这就是最大的分别。我们特别要注意一种人：言行举止不合常情、不合常理的人。这就要引起警觉，加以特别的注意。人，都是有血有肉、有情有欲的人。一切非人性的，或是反人性的做法，那就有问题。我们都知道春秋五霸之一的齐桓公，"一匡天下、九合诸侯"，何等厉害的人物。他的一个厨子，叫易牙。齐桓公想尝尝人肉，易牙就把自己的儿子杀了，煮给齐桓公吃。另一个叫竖刁，为了亲近齐桓公，主动把自己给阉割了。还有一个叫启方，

134

本是卫国的公子，为了陪在齐桓公身边，十五年不回家看父母。管仲说："这样不近人情的人，肯定有问题，大王要防着点。"齐桓公却说："这是忠臣啊，他们对我是一片忠心啊！"这是表面现象，结果怎么样呢？结果就是易牙、竖刁、启方这帮人，发动宫廷政变，齐桓公被活活饿死，死了之后蛆爬出来了别人才知道。易牙、竖刁、启方等人都是有违人性之举，或者说是没有人性之人，这样的人，是非常危险的。

距离防线。古人很强调"远祸"思想，"君子不立危墙之下""危邦不入，乱邦不居"，这都是要我们自觉远离危险。所以，我们要自觉远离危险的人，危险的事，危险的地方。违法犯罪之人我们不用说了，法律会给他们以制裁。还有那些狂人、恶人、怪人、小人，出问题只是迟早的事。他们如果对你好，你就敬而远之；他们如果想找你的茬，你就避而远之，惹不起躲得起。对付这些人，一位高僧说："忍他，让他，由他，过几年再看他。"当然，你有足够的实力主持社会公平正义的时候，那又另当别论。

系统防线。如果不管我们如何小心在意，"祸"还是不请自来了，那么，我们就有必要寻求社会支持系统的帮助。比如，我们上网被骗了；我们被品行不端的同学敲诈了；我们被老师同学误解冤枉了，等等。这时，就要向学校、向老师反映，向父母、向亲友诉说，甚至直接报警，寻求帮助，通过组织、法律的途径解决问题，避免受到更大的伤害。有一个高一学生，他受到了几个高二学生的敲诈勒索，每隔几天，他们就要向他"借"一次钱，也不多，就几十元。一年来，他在节衣缩食省钱出来给他们的同时，还背负着沉重的思想包袱，成绩急剧下降。他不敢跟父母说，怕父母说他没用，怕那几个学生知道后采取更恶劣的手段，也不敢跟老师说，他拿不出证据，怕老师说他撒谎。他在这种折磨中到了崩溃的边缘。他的父亲看出了苗头，跟踪几次后发现了这一情况，这才通过学校解决了问题。原本很简单的一个问题，拖了一年，拖得自己身心俱疲。所以，当自己遇到解决不了的问题时，或是自己不知道怎么办时，请不要忘记，家庭、组织、法律，是我们最坚强的后盾。在这个社会上，我们并不孤单。

第四章　心灵的港湾

"心是什么?"这个问题既简单，又复杂。简单得人人皆知，复杂得谁也说不清楚。

商纣王想知道比干的心是什么样子，就把比干剖腹挖心。纣王挖出了比干的心，却失去了天下人的心，也最终失掉了江山社稷。传说中，比干被挖心之后，出宫疾走，遇到了一个卖无心菜的老婆婆，他问道："菜无心能活，人呢?"老婆婆笑道："菜无心可活，人无心则死。"于是，他颓然倒下。

从生理学的角度来看，心，即心脏，就那么拳头大一点，功能却很强大，被喻为肢体的发动机。心理学则认为：人脑是心理的器官；心理是人脑的机能。医学上就是从"脑死亡""心死亡"为指标判定人的生死的。但是，心脏，人脑，就是我们常说的"心"吗?有没有高于"思想""意识"的"心灵"存在呢?仔细想想，似乎是，似乎又不是。看来，要理解这颗"心"，恐怕还是需要从哲学的角度来理解。周国平先生讲哲学与人文精神，借用了"灵魂"的概念。我想，"心灵"确实应该与"灵魂"更接近些吧。动物也有生命，也有思想，但它没有"心灵"，这应该是我们人与动物最大的差别吧。

动物活在世上，是为了满足自己的身体需要；而人活在世上，更重要的是，满足自己的心灵需要。这样，我们就有必要经常与自己的心灵对话，让自己的心灵得到安顿，让自己的人生有所皈依。

茫茫的社会生活之海，当我们的心灵疲惫之时，它需要一个温暖的港湾，需要一个精神的家园，需要一个诗意的栖息。

照管好我们的心吧，不要迷失了自己。

第一节　温暖的港湾

有一个朋友，生意做得非常不错。当年他们全家搬到城里的时候，农村的老屋就一直空着，有人出高价想买他的老屋，他没有卖。每隔一段时间，无论多忙，他都会带上父母与妻儿，一家老小回到老屋去，做饭的做饭，打扫卫生的打扫卫生，玩牌的玩牌，一家人其乐融融。朋友们问他，你这么忙还要陪家人回农村，何必那么辛苦呢？他说陪家人回农村去不是忙，而是休闲，享福，农村的空气清新，景色优美，环境怡人，家里人在一起，很幸福。他说到"幸福"二字，显出很满足的样子。我想，这应该也是他生意能够成功的重要原因，那就是：有一个温暖的家。

我们都是红尘中人，世俗纷扰，一颗驿动的心常常会感到疲惫不堪，总想找一个地方，让心灵能够得到休憩和调整，让心灵能够暂时躲避尘世的喧嚣和困扰。这就是家了，一块能够让心灵暂时归于宁静淡泊的地方。

其实，只有当我们走上社会，真正开始独立生活时，我们才会发现家是真正的天堂。有一首歌唱道："我想有个家，一个不需要多大的地方。在我受伤害的时候，才不会害怕。"有家，就有安全感，幸福感，支撑感。一家人在一起，有的是关怀、互助和温暖，有的是微笑、贴心和安慰。珍惜与家人在一起的时光，无论是美满温馨抑或是疼痛酸楚，家给我们的是一生的回忆和永恒的幸福感触。

自古以来，无数诗人吟唱过游子的思乡之情。"渔灯暗，客梦回，一声声滴人心碎。孤舟五更家万里，是离人几行情泪。"为什么会思乡，因为家的缘故。家是游子魂牵梦萦的海岸，家是离人午夜梦回的港湾。"羁鸟恋旧林，池鱼思故渊。"家，终是我们心灵的皈依。余光中和席慕蓉都写过《乡愁》，那是一种刻骨铭心的情愫。

那么，家是什么呢？不同的人，有不同的感受和回答。有人说，家是社会的细胞；有人说，家是风雨相依的两人世界；有人说，家是可以遮风挡雨的地方；有人说，家是掏出钥匙就可以开门的地方；有人说，家是疲惫时可以落脚的地方。这些说法都没有错，从不同的侧面揭示了家的特征。但似乎又还不够，还缺少了点什么。

有一个富翁醉倒在他的别墅外面，他的保安扶起他说："先生，让我扶你回家吧！"富翁反问保安："家？我的家在哪里？你能扶我回家吗？"保安大惑不解，指着不远处的别墅说："那不是你的家么？"富翁指了指自己的心窝，又指了指不远处的那栋豪华别墅，一本正经的，断断续续地回答说："那，那不是我的家，那只是我的房屋。"

有一户收破烂的人家，他们在城市的边缘地带，搭建了一个小窝棚，每天，他天不亮就进城收破烂，他的妻子和六岁的女儿就在附近捡垃圾。傍晚时，妻子已经做好晚饭，等他回来，小女儿也欢快地迎接他。然后，一家人坐在窝棚外捡来的木箱边吃饭。他给妻儿讲述城里的趣闻，妻子为他夹菜，他舍不得吃，又夹给女儿。一顿饭要吃好久，满是幸福的味道。

别墅不是家，窝棚却充满幸福。看来，家不是一个简单的概念。再高档的别墅，再精美的家具，也堆砌不出一个家来。一处房屋，不管怎样装修，如果住在里面的人，同床异梦，貌合神离，家，也就不成其为家了。家，不仅是人的组合，更多的是情的组合，爱的组合。

人总是留恋充满温暖的地方、充满温情的地方，家往往也让人留恋。这可以理解，就像很多人冬天的早晨赖在床上不想起来一样。但我们的态度应该是：爱家而不恋家。我们要把"家"放在心上，不要像蜗牛那样，把"家"背在背上，把家变成了一种负担。船的使命在大海，舞台在大海，港湾只是它的加油站，它的根据地。所谓"好男儿志在四方"，年轻人都要有四方之志。以家为圆心，人生的半径越大，人生就越丰富多彩。"困难困难，困在家里就难；出路出路，走出去就是路。"家是我们的起航之处，而不是我们的羁绊之所！大胆走出去，路会越走越宽。

同时，我们还要注意，不能把社会角色带入家庭之中。这就如鲁迅说的那样，比如演员，上了装你演戏，卸了装，你要从戏里走出来，走到日常生活里，如果回到家见到父母亲人，你仍然是关云长或是李逵，谁受得了？阎维文唱的那首歌《母亲》："无论你多富有，无论你官多大，到什么时候也不能忘，咱的妈！无论你走多远，无论你在干啥，到什么也离不开，咱的妈！"是的，你挣再多的钱，你当再大的官，你再有多大的能耐，回到家中，你就是父母亲的孩子，你就是兄弟姐妹，其他的，就别提了。

第二节　父亲、母亲

最不应该忽略却最容易忽略，而且常常被忽略的人：父母。

你是否嫌弃过自己的父亲母亲，他们没有当什么官，没有挣到什么钱；他们长得没有别人帅气、漂亮，知识没有别人渊博；他们没有过硬的社会背景，没有左右逢源的人际关系；等等。但是，想一想父母的付出，想一想父母的辛劳。他们给予了儿女无微不至的关心与爱护，让儿女在温暖中茁壮成长，而自己却在一天天的付出中失去了宝贵的青春，取而代之的是额上与眼角的皱纹，还有发丝上的霜雪。

有一位同学，他初中毕业，差三分就可以考上重点高中，他的父亲劝他："儿啊，上普通学校也是一样的，再说，家里也没钱给你交重点学校的学费了。"他狠狠地说了一句："还不是因为你们没本事！人家比我还少几分的同学，家里有钱有关系，多交钱就上了。"这位父亲愣住了，再也说不出话来。

因为年少，我们常常会忽略生命中极其重要的东西，譬如肩上担负的责任和希望。其中，来自父母的期待，或许是最直观的一个。父母亲都企盼儿女成材，都希望儿女过上比自己更好的生活。因此，他们不惜付出汗水和青春，用粗糙的双手与头上的华发来为我们换取美好的生活：衣食无忧，安心学习。我们是否对得起父母无怨无悔的付出，是否对得起父母在我们肩上搁置的殷切期望？想想我们的父母吧，想想他们的眼神和背影，想想他们的叮咛与鼓励，想想他们付出的全部的爱。走出低迷的旋涡，重展风帆，用最积极的行动报答父母的爱。

天底下的父母都是在不同的背景下扮演着同一个平等的角色，而这个角色又是如此难扮演，因为他们不仅是我们的培养者、支持者与守护者，还是我们人生路上的陪伴者与心灵的导航者。无论父母的身份多么低微，他们的形象永远是最高大的。让我们默默地感恩，感谢父母无私的付出，感谢他们对我们无限的牵挂。

有一篇文章叫《转弯处的回头》，讲的是一位父亲对自己跌倒的孩子，他没有扶儿子起来，而是让他自己爬起来，于是儿子赖在地上不动。父亲冷酷地走了，他望着父亲的背影，失望极了，以为父亲不爱他。一个同伴却告诉他，父亲一定是爱他的，不信，走过这条街，拐弯的时候，父亲肯定会转过头来看他。他半信半疑地看着父亲，果然，在拐弯的那一刻，父亲回过头来。是的，父母对我们的关爱是无处不在、无时不在的。也许他们的表达方式会不一样，不过请相信，不是父母没有爱，而是我们太粗心，没有用心去体会、去感受。如果我们愿意细心体察，我们会看到，父母对我们，点点滴滴都是爱！那种爱，是最深的，最浓的，最真的。

第三节　百善孝为先

我们用什么来回报父母呢？我想，那就是一个字：孝！

中国是一个有着"孝"的优良传统的国家。自古以来，人们把父母抚育子女，子女孝敬父母，看成是做人的基本道德。孔子曰："孝，德之本也。"只有懂得"孝"的人，才是一个有责任心的人、有道德感的人。

今天中国社会的家庭结构发生了很大的变化，城市家庭中

"四二一"的结构越来越普遍,即老人四位,父母两个,众星捧月般守着一个小宝贝。一脉单传,加以生活优裕,在这种情况下孩子就容易被溺爱。在这种环境中长大的孩子,往往以自我为中心,比较自私,关心他人爱护他人的精神不足。这更需要我们从孝道的培养入手,一步步培养爱心,拓展、升华爱的层次,使他成为一个具有社会责任感和公德心的人。

曾读到过一首诗《孝是什么》:

孝是宽容

宽容老人总也舍不得扔掉的"垃圾破烂"

宽容老人的唠叨

宽容老人的口水和鼻涕

孝是报答

是母亲节的一束康乃馨

是父亲生日时的一瓶好酒

是久病床前的送汤喂药

孝是耐心

耐心听取老人的话

耐心向老人解释做工作

耐心说服老人

孝是善意的欺骗

百余元的衣服不妨告诉老人只花了几十元

144

孝是常回家看看

拿不拿东西是次要

陪老人说话很重要

这首诗写得很直白，但却很感人。正是这日常生活的点点滴滴，诠释了孝的真义。那么，我们应该怎样尽孝呢？

孝要建立在理解的基础之上。要设身处地地为父母想想，多沟通与交流。扪心自问，我们对父母了解多少、理解多少？你要想尽孝，却不知道父母的心意，就不好办。很多时候，孝如果不以理解为基础，就可能是错的，会带来很多问题。王蒙就曾经提出，理解比爱更高。他写过一个微型小说系列，叫《欲读斋志异》，其中一篇叫《孝子》，讲的是一位老人的数位儿子都是孝子。老人微恙，孝子们各有各的对策医案，互相争得打破了头，都坚持只有用自己的方法才是尽孝，而与之不同的方法，即兄弟们的不同方案，完全是忤逆弑父。愈争，愈要强调一己的方案的特色，因此，各种方案都走向片面和离奇。这下子把老父亲给吓得，只好逃出家门，隐姓埋名，只求眼前无人尽孝才能侥幸安度晚年。

孝要以孝敬为前提。孝，乃是子女对父母、晚辈对长辈的尊敬、依从、感恩的心理。其中，敬重、尊重父母和长辈是基础。孔子早就说过："今之孝者，是谓能养。至于犬马，皆能有养；不敬，何以别乎？"这句话放在今天来看，仍然是正确的。让父母吃饱穿暖，这很容易做到，但是，心中的敬重，才是真正的孝心。中国二十四孝的故事，每个都各有特点，但有一个共同的东西，那就是对父母的敬爱和尊重。一个连自己父母都不尊重、不敬爱的人，你还能指望他干啥？

孝的关键是孝顺。孝顺指儿女的行为不应该违背父母、家里的长辈以及先人的心意，是一种稳定伦常关系表现，就是说尽量遵从他们的本意，不要违背他们的意思。古人说："无违。"又说："三年无改于父之道，可谓孝矣。"这里讲的是不违背、不改变的意思。用现在的话来说，那就是"听话"。对于这个问题要把握好尺度。父母长辈说得对的东西，当然要听话、要遵从；有一些说得不一定对，但非关原则性的问题，听一听就过去了的东西，不妨听之，不必非要进行反驳、辩论；有一些明显错了的问题，就有必要向父母长辈解释清楚，但说话的态度要端正、要诚恳、要谦和。

孝要做到"知行合一"。古人讲："百善孝为先，重心不重行。"其实，孝的问题，既要重心，也要重行。孝如果没有落实到行动上，和不孝有什么区别？王阳明所谓"知行合一"，就是要把孝心体现在具体的行动上。要注意及时行孝，"世界上最不能等待的事情就是孝敬父母"，真是这样，"子欲孝而亲不待"，那是怎样的悲哀啊！其实，父母并不需要子女做什么，那首《常回家看看》的歌，道出了许多父母的心声。只要有空陪着说说

146

话，拉拉家常，心里就不寂寞；看到子女都过得很好，就是他们最大的快乐。但我们自己要注意从手边能做的小事做起，比如，记住父母的生日，送个小礼物；或是节假日打个电话问候一声；有时间陪父母吃吃饭；等等。这些小事，都是我们举手之劳、可以做到的。

儒家《孝经》开宗明义地说："身体发肤，受之父母，不敢毁伤，孝之始也；立身行道，扬名於后世，以显父母，孝之终也。夫孝，始於事亲，中於事君，终於立身。"由此可见中华文化孝的观念不只限于孝顺父母而已，孝顺父母只是孝道的开始。更重要的是，我们要立身行道，做出一番事业来，给父母，也给自己一个交代。

第四节　关于爱情

中学生正处于青春的花季、雨季，正是容易生长爱情的季节。这是一件很正常的事，就像春天来了种子就要发芽一样自然。所以，我们有必要了解爱情，理解爱情，当爱情悄然来临的时候，可以很好地把握爱情，不至于手足无措。

爱情是人类社会的一个永恒主题。多少年来，多少人为爱情而浅吟低唱。《诗经》里面有很多爱情诗，大家应该学过这首《关雎》：

关关雎鸠，在河之洲。

窈窕淑女，君子好逑。

参差荇菜，左右流之。

窈窕淑女，寤寐求之。

求之不得，寤寐私服。

优哉游哉，辗转反侧。

参差荇菜，左右采之。

窈窕淑女，琴瑟友之。

参差荇菜，左右冒之。

窈窕淑女，钟鼓乐之。

这样热烈深情的诗句，古乐府里也有不少。还有《孔雀东南飞》的缠绵悱恻，元杂剧中的才子佳人，无不与爱情有关。《西厢记》《红楼梦》，这些不朽名著中总少不了爱情故事。

爱情是一种美好而高尚的情感，历来为人们所传颂。《白蛇传》中的许仙和白娘子，他们的爱情显得那么另类，不为世俗所容，那个横加干涉的法海就不用说了，即使许仙本人，也曾害怕、犹豫和徘徊。勇敢的白蛇娘子，在小青蛇的帮助下，盗仙草，斗法海，终于获得了许仙的真爱，虽然被压在雷峰塔下，也无怨无悔。雷峰塔终是要倒掉的，但伟大的爱情具有永恒的魅力。鲁迅就曾写过杂文名篇《论雷峰塔的倒掉》。

令人感动的爱情，似乎都带有明显的悲剧色彩。《白蛇传》

是这样，牛郎与织女的传说也是这样。农历的七月初七，是中国的"情人节"，据说就是牛郎与织女相会的日子。《红楼梦》中的贾宝玉和林黛玉，他们也没有逃脱悲剧的命运，一个是芳踪杳杳，一个是空门寂寂，只留下一声叹息。

爱情是什么？或者说，什么样的爱情才算是真正的爱情呢？仔细想想，这是个非常复杂的问题。据说当年外国友人受邀观赏中国的名剧《化蝶》，外国友人询问，这是一个什么样的故事。工作人员解释半天也解释不清楚，周恩来总理知道后，解释道："这是中国的罗密欧与朱丽叶。"一时传为美谈。事实上，梁山伯与祝英台的爱情，跟罗密欧与朱丽叶的爱情并不完全一样。就像世界上没有完全相同的两个人一样，爱情可以相似，但不可复制。

爱情虽然各不相同，但我们从古今中外的经典爱情故事中，仍然可以了解一些爱情的共同特征。

一是两情相悦。当爱情来临时，我们会满怀欢喜、温柔、挚爱的情感，会觉得愉悦、幸福、满足、欢喜、自得甚至欣喜若狂。两心相许，两情相悦，你爱我，我也爱你；否则，就是一厢情愿，就成了单相思。在任何情况下，只要看到对方或与对方相处，爱者就感到愉快，而一旦与对方分开，他就感到痛苦，甚至会认为受到伤害。"情人眼里出西施"，他是多么的优秀，她是多么的美丽，两人是天造地设的一双。《神雕侠侣》中的杨过与小龙女那样的爱，令人刻骨铭心。当然，爱情是一对一的关系，所谓"弱

水三千，我只取一瓢饮"。如果出现了第三者，或是脚踏两只船，爱情就变成了一种折磨，最终只能以悲剧的形式结束。

二是和谐包容。相亲相爱的两个人，不一定是最好的，但却是最适合的。金庸是一个描写爱情的高手，《射雕英雄传》中的郭靖与黄蓉，感动了多少痴男怨女。爱一个人，就要理解、信任、尊重他，不管是门当户对好、地位悬殊也好，在对方的心里，没有第二个人可以替代。两个人相互理解，相互融合，相互忠诚，终生相伴，永远相爱。他理解她，她包容他，共同经营和谐的爱情。

三是为爱而爱。爱情，应该是单纯的、纯粹的，没有别的理由，不能附加其他东西，只能为爱而爱，如果掺杂了其他的因素，爱情就有随时崩塌的危险。如果为了钱而爱，那是爱钱，不是爱情，当钱没有时，爱也就不存在了；如果为了权而爱，那是爱权，不是爱情，当权易手时，爱也就不存在了；如果只爱她的美丽，当她青春不再时，爱也就不存在了。

四是对爱负责。爱是给予，不是索取。不负责任的人，是不配拥有爱情的。爱情，必然要以婚姻家庭为归宿，否则，把爱当成了游戏，只能带来深深的伤害。

爱情的特征还有很多，对于从来没有爱情经历的我们来说，要完全地理解是很难的。但我们应该明白，爱情迟早是要来的。那么，我们应当怎样对待即将来临的爱情呢？

我唯一的一点忠告是：要让爱情之花适时开放。每个人都有爱和被爱的权利，这是谁也不能剥夺的。但是，爱情之花，一定要开放在属于它的季节里，那样，最美，最真，最好。早了，可能要夭折；晚了，可能就会错过。这里，中学生常常遇到的一个问题是：早恋。这是让老师和家长最头疼的一个问题。其实，早恋没有这么可怕，关键是要处理好。

有一个高二女生，她爱上自己的语文老师，于是向他示爱。他对她说："老师也爱你！"然后他和她约定，要她好好学习，考上大学，大学毕业之后，他们就可以谈恋爱了，并让她保密。她欣喜若狂，把所有心思都放在了学习上，以优异的成绩考上了重点大学。大学里，她却爱上了自己的同学，很是矛盾。毕业后，她觉得欠语文老师太多，想以身相许，来报答老师的恩情。这时，却收到了语文老师的结婚请柬。原来，老师早已有女友，为了她，把婚期推到了现在。

一个人的一生，将会有很多次爱的冲动，但并不是每一次都能发展为爱情。早恋了，也不要急于表白，把爱埋藏在心底，等等看，条件成熟了，如果你还爱着对方，对方的心里也有你，那时再说，也还来得及。

第五节　琐碎的幸福

人人都希望自己能够幸福。但谈起幸福，却没有一个标准答案，人人有不同的感受。

　　黄叔是我同学的父亲。他是一位木匠，是人民公社时期的基建队队长。后来他拉起队伍进城搞建筑，成了所谓的先富起来的一批人之一。在我上高中的时候，他们举家搬进了城里。

　　再见黄叔，是十余年之后，已六十出头的他，看起来比实际年龄要年轻十来岁。那天他们全家都在，黄婶做菜，黄叔打下手，粗手笨脚的黄叔乐颠颠地被黄婶呼来唤去。饭后，黄叔让儿女们玩牌聊天看电视，自己则抢着去洗碗，嘴里还哼着好听的曲子。我和同学坐在沙发上聊天，谈起黄叔——他的父亲，他说："我们小时候老爸就这样，工作再忙，回家就帮着做家务。现在我们兄妹都成家离开了他们，让他们请保姆，他却非要自己干不可，还说那些琐碎的家务就是幸福。"

　　我为黄叔的幸福观深深地感动。是的，幸福是琐碎的，是柴米油盐的味道，是锅碗瓢盆的交响，是相濡以沫的默契。静夜里失眠的人们，最知道呼噜声香甜的幸福；离乡背井的游子，最思念母亲关爱的唠叨；闺中孤独的怨妇，最怕见新妇脸上羞赧的红霞。琐碎的事务，平常的生活，往往是最真实的幸福。

　　大家都熟悉辛弃疾的名篇《清平乐（村居）》："茅檐低小，溪上青青草。醉里吴音相媚好，白发谁家翁媪？大儿锄豆溪东，中儿正织鸡笼。最喜小儿无赖，溪头卧剥莲蓬。"白发翁媪，吴音相悦；此情此景，其乐无穷。"锄豆""织鸡笼""剥莲蓬"，这些都是琐碎的小事，但也是真实的田园之乐、幸福生活。

我的一位朋友家住干休所。那里面住着的一些不起眼的老头，曾是带领千军万马、叱咤风云的将军。他们领着儿孙散步，拎着篮子买菜，一脸的幸福与满足。经历轰轰烈烈，感受风云变幻之后，日子变得亲切，琐事变得可爱，一颗心变得柔软。

人生无常。珍惜每一天，干好每一事，琐碎平常的日子原是最真实的幸福。

第六节　心灵的放牧

一个人要学会自加压力，也要善于排解压力。长期把弦绷得紧紧的，反而容易出问题。

散步是排解压力的一种很好的方式。当然，每个人根据实际情况，可以采取不同的方式。你看阿基米得，遇到一个难题，往木桶里一泡，相当于我们现在的黄桶浴，泡着泡着灵感就来了，连衣服都忘了穿就跑了出去。所以不管用什么方法，关键要能够放松自己的身心。

我喜欢散步。不仅仅是因为散步是锻炼身体的一种方式，更重要的是，我感觉散步是一种心灵的放牧，让人身心愉悦。

小时候，家在农村，父亲经常到田间地头去转转，我问他，这么累，还去转啥呀。父亲说，看看庄稼的长势，想想下茬种什么，也做一些丰收的梦，放松一下劳累的身体。后来，我也经常去走走，走在乡间的小路上，真的有一种人生的满足感。再后来，父亲去世了，乡下的老屋空闲着，有人要买了去，母亲和我商量，我把它留了下来，每年回去住上几天。不管在外遇到了怎样不顺心的事，到田间地头转转，和村中的老人聊聊，心里很快就会宁静下来。

学生时代，我高三后开始住校，晚饭后常到后山的林中散步。黄昏里，夕阳的余晖让人心旷神怡，我的成绩突飞猛进。其实，埋头书堆虽然必要，但心灵的漫步也不可少，思考问题，调节心情，放松精神，锻炼身体，在不经意的散步时就完成了。孔子的学生曾点，他的心愿是"莫春者，春服既成，冠者五六人，童子六七人，浴乎沂，风乎舞雩，咏而归"。就是说和学生一起春游，那种感觉多好。连孔子都说："吾与点也！"

后来，我考上军校、穿上军装，成了一名军人。那时的散步，有了对社会的思考、对人生的反思。军校的一大特点是鼓励散步。你如果成天待在屋里，队长教导员一定要问："怎么不出去转转？是不是有什么心事了？"翻开历史的书页，我们可以看到，历史上的很多军人，也是喜欢散步的。岳飞，一首悲壮的《满江红》，那是雨后的散步，一首深沉的《小重山》，那是今夜无眠的散步。辛弃疾的散步，则带有郁郁不得志的孤独，那是他隐居带湖的闲愁。陈子昂的《登幽州台歌》，也算是千古绝唱了，当时他是一个行军参军，登台行吟，百感交集……

邓小平的散步有点特别，南昌陆军学院那座小楼外的那条小径，他每天在上面快走 3000 步。邓小平是个标准的军人，标准的步伐，也有 2250 米了。

当然，一定少不了文人的散步的。余秋雨的一本书，直接就叫做"文化苦旅"，这是文化的散步，也是心灵的苦旅。张恨水曾有《读书百宜》一文，其实读书怎么都好，静坐窗前，奇思妙想，或是凭栏远眺，怀人念远，都是让人神往的散步，心灵的遨游。

从你的房子里面走出来，外面的世界很精彩！如果实在脱不开身，也记着一定要让自己的心灵出来走走。

第七节　心灵的安顿

美国心理学家马斯洛提出了"需要层次理论"，把人的需要划分为五个层次，即生理需要、安全需要、社交需要、尊重需要和自我实现需要。这样的区分当然有其科学的意义，也是比较严谨的，但终有一种太严肃、太复杂、太理论的感觉。

我们是不是可以这样来划分？人的需要分为两种，一种是身体的需要，一种是心灵的需要。我们通过衣食住行用，把身体安顿好了还不够，还要把自己的心灵安顿好。

安顿心灵，要心有所寄。心有所寄，灵魂乃安。在西藏往拉萨去的路上，经常可以看到磕长头的人。他们一脸庄严，双手合十，举过头顶，沿胸腹向下，再匍匐而前，五体着地，然后起来重新再拜，称为等身长头。有些手掌处垫一块小木板，腰上围一块皮垫，即使这样，也搞得浑身伤痕累累，没有木板和皮垫的人就更不用说了。这样磕着长头到拉萨，时间长的要数月乃至一两年，其艰辛程度可想而知。可见他们心中虔诚的信仰。尼采说："上帝死了！"我们是唯物主义者，本来就没有什么上帝之说，那么，我们的心灵应该向何处寻求精神的家园呢？理想！为理想而努力，这就是我们心灵的寄托。共产主义的远大理想，社会主义的共同理想，我们心中的具体理想，把三者结合起来，目标就变得实在起来，人生也就充实起来。

安顿心灵，要减除物累。古人说："为学无甚增益功夫，减除物累便超圣境。"意思是说：做学问没有什么特殊的秘诀，只要排除外物的干扰，就能达到超凡入圣的境界。这让人想起王安石的名篇《伤仲永》。神童方仲永，七岁即能吟诗作对，时人奇之，争相延为贵宾，方父便带着他四处宴游。若干年后，再见仲永，则"泯然众人矣"。不仅做学问如此，立身做人更是如此。那种物累绕肠、利欲熏心的人，往往心态失衡，人格扭曲，做人的根基发生了动摇，哪里还谈得上心灵的自由？哲人说："人生如背筐旅行，名利是沿途诸物，一路拾去，越背越重，不知放下，最终只能是自己倒下。"身入红尘是非多，我们作为一个世俗之人，难免要为房子、车子、位子、票子而操心费神，但我们不要过分强求，适可而止，顺其自然就好。

安顿心灵，要亲近自然。自然，多么亲切的字眼！它让我们想到春夏秋冬，让我们想到山水云天，也让我们想到风花雪月。在中国的传统中，有一种天人合一、道法自然的理念，就是要让我们从房子里面走出来，从钢筋水泥的丛林中走出来，到大自然中去，感知它，亲近它，融入它，享有它。心灵与自然相通，心情与草木相合，这是道的境界。

安顿心灵，要给心灵一个自由的空间。人是一种群居动物，但是人有时也需要独处。要学会享受独处时的快乐，让自己的灵魂静一静，把自己的思想捋一捋，给自己一个安静的空间，才不至于在茫茫人海中迷失了自己。学会独处，也应该尊重别人独处的自由。理解和尊重，这是一个前提。即使是与亲人密友之间，也要保持适当的距离。所谓的亲密无间，不是完全的没有一点距离。有些父母，对孩子无微不至，但那恰恰是孩子反感他们的理由。"朋友数，斯疏也。"再好的朋友，如果你非要把自己的意志强加给对方，不仅会让别人难受，也会带来疏远。所以，私人空间很重要，给自己的心灵一个自由的空间。在这里，你可以什么都想，也可以什么都不想。

第五章 人生的彼岸

　　人生问题是一个永恒的话题。鲁迅的《梦醒人生》，徐志摩的《潇洒人生》，胡适的《人生大策略》，俞平伯的《人生不过如此》，林语堂的《人生盛宴》、丰子恺的《静观人生》，王蒙的《我的人生哲学》，以及国学大师季羡林的《季羡林谈人生》，还有电视节目中的"艺术人生"，讲的都是人生。大师们的人生各有味道，我们每个人的人生也不尽相同。但我们生而为人，必须要从心里解决好人生的问题，才能更加清醒地认识自己，认识社会，从而走好人生的每一步。

　　从哪里来？到哪里去？这是人生的两个基本问题，有着深刻的哲学含义。对于社会这个汪洋大海来说，人生就是从此岸来、到彼岸去的轮回。彼岸是一个佛家用语，最简单的理解就是对岸。实际上，我们可以把彼岸理解为自己的人生理想、人生目标，也就是我们为之奋斗的目标。

　　英国有一句谚语："对于盲目航行的船来说，所有的风都是逆风。"没有理想、没有目标的人，他们就是没有方向的船，他们的人生就是随波逐流，就是漂泊流浪，失去了存在的意义和价值。

有人将成功的公式归纳为："目标＋行动＋坚持"。当然，一个人能否成功，影响的因素有很多。但只要我们目标明确，行动坚决，持之以恒，往往是会有所成就的。其实，我们朝着心中的彼岸，努力过了，奋斗过了，即使没有什么大的收获，也可以问心无愧了。

第一节　人生的意义

"人生有什么意义？"相信我们每个人都曾思考过这个问题。这是个大问题，要得出答案并不容易。一个人一生在生老病死的过程中，忙着工作，也忙着吃喝玩乐……这到底为了什么？到底有什么意义？

这个问题有一个"标准答案"，那是《钢铁是怎样炼成的》一书中奥斯特洛夫斯基所说："人最宝贵的东西是生命，生命属于我们只有一次。人的一生应当这样度过：当他回首往事时他不因虚度年华而悔恨，也不因碌碌无为而羞愧。这样在他临死的时候就能够说：我已把我整个的生命和全部精力都献给世界上最壮丽的事业——为人类的解放而斗争。"对于社会的先进分子来说，当然不错，但如果用来要求大多数人，就不太现实。

这个问题也曾困扰过一个著名人物：明朝的王守仁。王守仁，世称阳明先生，浙江余姚人，是明王朝最辉煌的思想家、教育家、军事家，他的学问很杂，儒、释、道都有所涉及；他做过官，为官清廉，政绩不俗；他领兵打过仗，从无败绩。他的功绩照亮了整个明代，他的思想一直影响到今天。

王守仁出生在一个官僚家庭，父亲王华，即龙山公是一个状元，后来官至吏部尚书，约略相当于现在的中组部部长，学问才气都很厉害。阳明的老师告诉他，做人就要像他的父亲那样，学而优则仕，显亲扬名。但他并不这样认为。他想的是什么呢？他想的是人生的大问题，怎样活得更有意义。他提出一个命题，怎样做"第一等人"？他曾经求佛问道，也曾投向当时的显学：程朱理学。但这些答案他都不满意，在后来的人生旅途中，他找到了自己的答案，也就是他创立的"心学体系"，通过"致良知"、"知行合一"，成为圣贤人物，成为第一等人。

阳明先生的答案当然好，但对于普通人来说，也还是有点不切实际。

"一切是空。"换句话说："人生是没有意义的。"这是某些人心中的答案。过去流传一首通俗的《醒世歌》："天也空，地也空，人生杳冥在其中；夫也空，妻也空，大限来时各西东；母也空，子也空，黄泉路上不相逢；人生好比采花蜂，采得百花成蜜后，到老辛苦一场空！"佛家也说："四大皆空。"《红楼梦》中的贾宝玉，最后也是遁入空门。其实在人生的旅程中，虽然难免会有空虚、失望、幻灭的时候，但人生的意义还是不能否认的。即使有偏颇之处，不一定完全正确，却总有些意义，不然，人们为什么还要活下去？比如，古人说"立德"、"立功"、"立言"为"三不朽"，也就是说如果能够做到"三立"，也就不虚此生，具有永恒的意义了。

著名经济学家茅于轼，他也曾谈过人生的意义问题。他得出一个结论：人生的意义，那就是享受生活，并且帮助别人享受生活。初一看，这似乎有点"享乐主义"的味道，但细细一想，又觉颇有道理。我们说：我国社会主义初级阶段的主要矛盾，是人民日益增长的物质文化生活需要和落后的社会生产之间的矛盾。那么，我们发展的目标，就是要提高社会生产力水平，满足人们的物质文化需求，换言之，就是要提高人民的生活水平。所以，"享受生活"就不能算错。

这样说来，对于我们大部分人来说，对于我们每一个普通人来说，人生的意义是实实在在的，那就是怎样通过努力，使自己生活得更好，也让别人生活得更好。

第二节　梦想的翅膀

人类社会前进的脚步，从来都是与梦想分不开的。因为有了飞天之梦，才有了飞机、宇宙飞船，有了"阿波罗"登月；因为有了揭开物质世界神秘面纱的梦想，我们才会知道分子、原子、电子、夸克、顶夸克，也许随着探索的不断深入，我们还会发现更小的微粒。怀着强国梦想的无数中华儿女更不会忘记，"一位老人在中国的南海边画了一个圈"，这又何尝不是一个美好的梦想呢？于是，有了"三步走"战略，有了小康之路，中华民族因此而踏上了伟大的复兴之路。

社会的发展是这样，个人的成长进步也是与梦想分不开的。高尔基有一句振奋人心的名言："你想要成为什么样的人，你就能成为什么样的人。"我们都知道这句话的局限性。但不可否认，在一定的范畴之内，这句话还是有一定道理的。有一个电视栏目叫"财富故事会"，闲来曾看过几期，我注意到一点，故事中的主人公，有一个共同点，那就是曾经都有过这样那样的梦想，而且，他们大多实现了。这也说明了一点：人生，从梦想开始。当然，一个人的梦想是不会远离自己的阶级基础的。比如，一个乞丐，总是羡慕着比他能多要到一碗饭的人，多要到十元钱的人，而不会去羡慕一个百万富翁或是一个皇帝。不过，偶尔也可能出现一两个这样的乞丐，比如朱元璋，他最后真的成了一个皇帝。

陈鲁豫是我所喜欢的一位主持人。她的"鲁豫有约"栏目，很多人都喜欢看。据介绍，1991 年冬天，鲁豫参加"北京市申办2000 年奥运会英语演讲比赛"。她连过三关，闯入了决赛。决赛前，她溜到后台，站在一个没人的角落，静静地看着电视台的工作人员忙忙碌碌地架机器、调灯光。一个导演模样的年轻女人拿着步话机，威严地站在舞台中央，指挥着布置工作。她屏着呼吸，惊喜交织地看着这一切，自己在心里一遍又一遍大声地说"I want to be part of this（我也要成为其中的一员）"。后来，她获得了演讲比赛第一名；再后来，她果然成了其中的一分子；再后来，她成了著名主持人。她的这句话很有意思，使我们很自然地想起，2000 多年前，看到秦始皇巡游的排场，项羽说："彼可取而代之。"刘邦说："大丈夫当如此。"

无独有偶，赖斯小时候也有过类似的经历。那是在赖斯 9 岁那年，父亲带着她去华盛顿游玩，并在白宫美国总统的办公室桌前拍照留念，当时她对父亲说："总有那么一天，我会在这里面工作的。"现在我们知道，她的梦想实现了，成了美国历史上第一位黑人女国务卿。

很多人都听说过阿诺德·施瓦辛格这个名字。作为演员，他是好莱坞的巨星；作为加州州长，他是美国政坛的明星。1947 年 7 月 30 日，他出生于奥地利一个普通的家庭。在当警长的父亲的严格管教下，在身强力壮的哥哥的阴影下，他的童年并不风光。但他始终没有忘记自己的梦想：到美国去、成为一名电影明星、与一位肯尼迪家族成员结婚。现在我们知道，他的"三个梦"都实现了。1986 年，他和玛丽娅·施莱弗在马萨诸塞州举行了婚礼。而玛丽娅的母亲，正是被刺杀了的美国前总统约翰·肯尼迪的妹妹。

有时，成功往往就源于那颗不安分的心，源于那个日思夜想的梦。我的一位老师，她在一所重点中学教物理，是年级主任，也是该市物理学会的理事，很受器重，但同时也被很多人所嫉妒。因为她有一颗不安分的心，有一个不甘平庸的梦。所以她总在进行新的尝试，不管在生活中也好，在工作中也好。为此，她的一些新的教学理念在当时并不能为广大学生所接受。于是，她放弃了当时为许多人所羡慕的工作，应聘到深圳，并举家搬到了深圳。多年以后，我和她在网上相遇，得知她现在已是当地的名师，在某大学开了讲座，她所辅导的学生，连续四届获得创新大赛的冠军。

也有这样的"梦想"：四人在一起谈论"梦想"。一曰"腰缠十万贯"，一曰"扬州太守"，一曰"骑鹤仙人"，最后一个道"腰缠十万贯，骑鹤下扬州"。用现在的话讲，无外乎是金钱梦、权力梦、长生不老梦而已。这些梦想，也无可厚非，都可以理解，现代社会是包容性很强的社会，只要不伤害他人，无损于社会，你有什么样的梦想都没有关系；关键的问题是，我们应该怎样来实现这些梦想，如果想不劳而获，不择手段，那就只能是迷梦、噩梦。

有这样一则笑话：有一天，阎王对他身旁的判官说："你跟随我已经大半辈子了，我想把你转入阳世之间，你希望做一个什么样的人？"判官很高兴地回答："我只有一个小小的希望：父做高官子状元，绕家千顷尽良田；鱼池花果样样有，娇妻美妾个个贤；雕梁画栋龙凤间，仓库积聚尽金钱；天长地久人不老，富贵荣华万万年。"阎王一听，说："人间如果有这样的好人家，我阎王早就不干了，何必等你去？"

很多人都听过"一个鸡蛋的家当"的故事。这是明万历年间小说家江盈科在《雪涛小说》中讲过的一个广为流传的经典故事。说有一个穷人，穷得已经快揭不开锅了。有一天忽然捡到一个鸡蛋，于是高兴地对老婆说：我有家当了。他老婆子问家当在哪呢？他拿出那个鸡蛋给他老婆看，并说出了他的一系列计划：我拿这鸡蛋，放到邻居正孵蛋的鸡那里一起孵，等他家的母鸡孵出小鸡来了之后，咱们就选一只母鸡，拿回来让它生蛋，这样鸡生蛋、蛋生鸡，两年可得三百只鸡，就可以卖十两金子了；十两金子可以买五头母牛，牛再生牛，几年下来就有一百多头牛了，可以卖三百两金子，我再拿这三百两金子去放高利贷，再过几年我们就发了！发了之后他想干什么呢？他想娶个小老婆！这下坏了，他老婆非常生气，后果非常严重：一拳头把他的"家当"砸了个稀烂。一切就成了空想，而不是梦想，最终只能是一枕黄粱、蛋打梦破。

第三节　跳起来摘桃子

梦想，是通过一个一个的具体目标来实现的。如果不能用目标来将梦想具体化，梦想就只能永远停留在空想阶段。在成功的诸多要素中，目标是第一位的。

春秋时候，楚国人养叔善射，百步穿杨，百发百中。楚王于是向养叔学射。养叔教得好，楚王学得也不错，渐渐的也能得心应手。一天，楚王邀请养叔去打猎。打猎开始后，楚王叫人把躲在芦苇里的野鸭子赶出来。野鸭子被惊扰后飞了出来。楚王弯弓搭箭，正要射箭时，忽然从他的左边跳出一只山羊。楚王心想，一箭射死山羊，可比野鸭子强多了。于是楚王把箭头对准了山羊，准备射它。可是正在此时，右边突然窜出一只梅花鹿。楚王又想，若是射中罕见的梅花鹿，价值比山羊又不知高出了多少，于是楚王又把箭头对准了梅花鹿。这时却听大家一阵惊呼，原来从树梢上飞出了一只珍贵的苍鹰，振翅向空中飞去。楚王又觉得那不如射苍鹰好。可是当他正要瞄准苍鹰时，苍鹰已迅速地飞远了。楚王只好回头来射梅花鹿，可是梅花鹿也逃走了。他又回过头去找山羊，可山羊也早溜了，连那一群野鸭子都飞得无影无踪了。楚王拿箭比划了半天，结果什么也没有射着。

其实这个故事并不难理解，就是"猴子掰包谷"故事的另一种诠释。没有一个明确清晰的目标，瞎折腾一阵子，最终只能是庸碌无为。数学上，两点之间直线距离最短；生活中，瞄准一个目标心无旁骛就是实现梦想的捷径。

我们应该怎样对待自己的目标呢？我觉得，有四个方面需要注意。

首先，目标要具体。比如，我们读书，都希望能够考上大学。那么，你究竟想考什么样的大学？本科，还是专科？重点大学还是普通大学？大概要多少分才能考上？这些都需要我们考虑，根据自己的实际情况，把目标细化，越明确越好。同时，我们要有一个确保目标实现的计划。如果没有一个切实可行的详细计划，你的目标就只能是空中楼阁、海市蜃楼。计划制定出来了，就要严格执行计划。每天检查计划的落实情况，并且时常问自己：我现在做的事情会使我更接近自己的目标吗？还要注意有一个时间期限。从严格意义上讲，没有时间期限的目标等于没有目标，它只是一个梦想，因为它无法衡量进度，也无法预期结果。我们假定要用一年的时间来实现一个目标，那就要有一个大致的时间节点，每天干什么，每周干什么，每月干什么，每季度干什么，半年要达到什么效果，还要预留一定的机动时间，按时间节点推进，这样实现的可能性最大。

其次，目标要可行。不可行的目标制定出来也是没有任何实际意义的。比如说你一节课能背50个单词，那你就不要给自己定下一节课背500个单词的目标，因为它远远超出了你的能力范围，你根本不可能实现它。目标定位中有一个著名的"摘桃子"理论：把目标定在跳一跳够得着的地方，也就是所谓的"伸手不及，跃而可获"。目标太低了，人就会产生惰性，没有动力；而太高了呢，再怎么努力都没有用，一点希望都看不到，就会失去信心，让人绝望。现在办事情，干工作，都有一个可行性论证。我们的目标也需要进行可行性论证。比如，你的成绩很一般，却把考大学的目标定在清华北大上，这个可行性就不大。

第三，目标要适时进行调整。大家都知道我们中国有个"三步走"战略目标，当初提出来的时候，情况是不一样的，因为当时的生产力水平是很低的，所以定得也比较低，经过改革开放三十年的发展，取得了显著的成效，所以后来进行了适当的调整。这种调整非常必要，实践证明也是正确的。在我们自己确定目标的时候，也要根据现实情况和反馈信息，及时对目标进行调整。如果情况表明我们的目标错了，根本就不可能实现，那就要赶快改过来，不要在一棵树上吊死。在实现目标的道路上，我们不能轻言放弃，但我们情况已经变了，我们的目标也要跟着改变。比如去年以来的经济危机，很多国家就调低了今年经济增长的预期目标，这样才能更加符合实际。

第四，目标要一步一步地实现。要学会分解目标，把目标分成几段，或分为几部分，围绕着它，坚持瞄准它，总会到达成功的终点。不要贪多求快、急于求成，一口吃个胖子，那是不可能的事。有一个同学，考上高中的时候，他在全班处于二十几名的中等水平。但令人想不到的是，一年之后，他保持在全班前三名的水平。老师和同学都很奇怪，问他为什么能取得这样的成绩。他不好意思地回答："其实我也没想到会是这样，我每次月考，只是想着要比上次好一点，能赶超自己前面的一名同学就行。没想到慢慢地进入了前三名。"如果他一开始就想着要考前三名，恐怕是不可能实现的；这样一步步走去，反而在不知不觉中实现了目标。

第四节 一步之遥

百米赛跑，最快的与最慢的，差距有多大？

跳高跳远，最好的与最差的，差距有多大？

是的，差距都不会很大，仅仅是一步之遥而已。但是，就是这一步之遥，却让许多人与机会失之交臂，与成功失之交臂，与幸福失之交臂。一步之遥，可能就是失败与成功之间的距离，就是山穷水尽与柳暗花明之间的距离。有一幅经典漫画相信大家都不会陌生，一个人挖井连挖三口井都没有水，"此地无水"，他只好叹息地离去。其实他再挖深哪怕是一米，每一口井都会有汩汩清泉流出。一米之差，一步之遥，却是迥然不同的两种结果。

我们都知道卢瑟福著名的"a粒子散射实验"，就是这个实验，揭开了原子结构的神秘面纱，它的伟大意义也就不言而喻了。其实，在卢瑟福之前，有一些物理学家已经做过类似实验，也发现了这一现象，但都没有引起重视。当卢瑟福的研究成果公之于众时，那些物理学家捶胸顿足，因为，原子结构的神秘面纱原本可以由他们亲手揭开。很遗憾，他们少走了一步，仅仅是一步而已。物理学史、化学史上，这样的例子不胜枚举。

王蒙在他的自传第二部《大块文章》中说："我的特点是多了一厘米。与主流亲密无间，我多了一厘米……我好像一个界碑，这个界碑还有点发胖，多占了一点地方，站在左边的觉得我太右，站在右边的觉得我太左，站在后边的觉得我太超前，站在前沿的觉得我太滞后……胡乔木、周扬器重王蒙，他们的水平、胸怀、经验、资历与对于全局性重大问题的体察，永远是王蒙学习的榜样。然而王蒙比他们多了一厘米的艺术气质与包容肚量，还有务实的、基层工作人员多半会有的随和。作家同行能与王蒙找到共同语言，但是王蒙比他们多了一厘米政治上的考量或者冒一点讲是成熟。书斋学院派记者精英们也可以与王蒙交谈，但是王蒙比他们多了也许多一厘米的实践。那些牢骚满腹、怨气冲天的人也能与王蒙交流，只是王蒙比他们多了好几厘米的理解、自控与理性正视……问题在于王蒙的包容直径多了一厘米，承受负载量厚了一厘米，整合与寻求到的共识、共同点、互补点，一句话能够共享共谋的精神资源的体积比你多了一或几立方厘米。"

也许，正是这一厘米的距离，成就了王蒙。这一厘米，是我们大部分人一辈子也无法企及的距离。

一步之遥，有偶然的因素，更多的时候则是一种必然。偶然中的必然，工作的标准使然，人生的态度使然。想一想，我们是不是常常有"差不多"的思想？胡适先生曾写过一篇《差不多先生传》，近百年时间过去了，"差不多先生"还高寿着呢。差不多了，差多少？是不是就差一步？如果我们总满足于"差不多"的话，这一步之遥有时会让我们付出一生的努力都难以弥补；每次相差一两步，久而久之，我们就会远远的落于人后了。相反，如果时常想的是："让我们做得更好。"每次把工作做到位，领先一两步，那么无论目标有多远，总能越走越近，"一步的遗憾"就会越来越少。

《细节决定成败》的作者说：简单的招式练到极致就是"绝招"。此话有一定道理，做事成功与否，除了"做什么"之外，就是"怎么做"的问题。如果能够把事情做到最好，自然而然就会成功了。大文学家欧阳修为我们讲的卖油翁的故事也是类似的道理：陈康肃公尧咨善射，当世无双，公亦以此自矜。尝射于家圃，有卖油翁释担而立，睨之，久而不去。见其发矢十中八九，但微颔之。康肃问曰："汝亦知射乎？吾射不亦精乎？"翁曰："无他，但手熟尔。"康肃忿然曰："尔安敢轻吾射！"翁曰："以我酌油知之。"乃取一葫芦置于地，以钱覆其口，徐以杓酌油沥之，自钱孔入，而钱不湿。因曰："我亦无他，惟手熟尔。"康肃笑而遣之。

成功的时候，想一想，我们是不是已经做得最好？还能不能超越自己，百尺竿头，更进一步？失败的时候，记住，成功就在前面一步之遥处。

第五节　适时则贵

曾国藩说："适时则贵，失时则损。"同样的东西，用对了时间、地点，它的价值将是巨大的。否则，它就可能一文不值。譬如一瓶水，平时它算不了什么，但如果是在沙漠中的话，特别是只剩这一瓶水的时候，它会比金子还贵。也许，正因为如此，一位成功人士讲：所谓成功，也就是在适当的时候做适当的事而已。

我有一位中学同学，高一、高二一直是全年级的前几名，但高三的时候，他的成绩忽然直线下降，高考时名落孙山，后来又补习了两年，仍然没有考上大学。原来，他在高三时迷上了《红楼梦》，翻来覆去地读，课下读，课堂上也读。谈到金陵十二钗，他说得头头是道，谈到书中诗词，他倒背如流。这种情况下，他的落榜就是很自然的事了。其实，研读《红楼梦》是没有错的，关键是时间不对头，在大学里，或者是参加工作后，闲暇之余，都算是一种雅好，是值得称道的事情。事实上，有很多人，做事的时间没有选对头，好事也变成了坏事。比如早恋，恋爱是很美好的事情，但早了，就不好。"青苹果乐园"虽好，却要付出很大的代价。

古人做事，讲究天时、地利、人和，也就是因时、因地、因人制宜。农谚云："春种，夏耘，秋收，冬藏。"误了季节，收成就会大受损失。现在虽有温室大棚，可以种出反季菜蔬，但终不如时令鲜果来得可口。《易经》中有一句爻词叫"潜龙勿用"，《射雕英雄传》里"降龙十八掌"就借用了这一招。我认为，在时机未到的情况下，不可轻举妄动。元朝末年，天下大乱，群雄并起，朱元璋是其中发展势头较为强劲的一支。在各割据势力纷纷称王建国的情况下，加上一些一起打天下的穷朋友的"劝进"，朱元璋有些按捺不住了。这时候，他的主要谋士之一刘伯温，为他定下了三条计策："高筑墙、广积粮、缓称王。"朱元璋冷静下来一想，觉得非常有道理，后来的事实证明，刘伯温的计策是很管用的，为明王朝的最终建立打下了坚实的基础。

对我们学生而言，"适时"的根本含义是做一名学生该做的事，做有益于学习，有益于成长，有益于将来更好适应社会。学习生活、休闲娱乐，都围绕这"三个有益于"来进行，我们将更好更快地成长起来。

第六节　排乱聚焦

我们是不是经常觉得事情很多，很杂，很乱，都不知道该干什么了。这个时候，我们就需要理一理，删繁就简，排乱聚焦，

173

找准主要矛盾和矛盾的主要方向，提高工作的效益和效率。

杂乱，根本的原因在哪里？根本的原因在于我们不会安排、计划、整理，把自己的时间、精力和各种资源搞成了一团乱麻，剪不断，理还乱。数学上大家都学过"合并同类项"，这为我们收拾乱摊、残局提供了一条解决问题的基本思路。俗话说"物以类聚"，意思是说，同一种类型的东西可以聚集在一起。当然，不同类型的东西，就不能随意聚集。比如，收拾房间，书放在书架上，衣服放进衣橱中，碗盘放在碗柜里。不能把碗朝衣橱里放，把衣服堆到书架上。又如我们到动物园参观，老虎与老虎关在一个笼子里，熊猫与熊猫关在另一个笼子里。不能把熊猫与老虎关在一起，否则熊猫要被老虎吃光了。这就是该合的合，该并的并，事情就简单多了，时间、精力以及各种资源的使用上也就不会过于混乱。

有这样一个故事广为流传：说是一位农夫，早晨起来后，告诉妻子要去耕田。当他走到耕地边上的时候，他却发现耕耘机里没有油了。他打算立刻就去加油，但突然想到家里的三头猪还没有喂，于是，便转身往家里走。经过仓库时，他望见旁边有几只马铃薯，他想起马铃薯可能正在发芽，于是，他朝种植马铃薯的田地里走去。路途中，他经过木材堆，又记起家中需要一些柴火；正当要去取柴火的时候，他看见了一只生病的鸡躺在地上……这个农夫就这样来来回回地跑着，从早上一直到夕阳西下。结果，油也没有加，猪也没有喂，柴也没有取。最后什么事也没有做成。

这个故事告诉我们什么呢？我想，那就是一旦目标确定之后，就要排乱聚焦，直指目标，这是成功的要诀。

我曾读到过一篇文章《登顶的秘诀》，文中介绍了深圳万科集团董事长王石登顶珠穆朗玛峰的情况。作为一个年过五十的企业家，作为一个业余登山者，要登顶珠峰谈何容易。但七人团队中，有四人成功登顶，王石是其中之一，而且自始至终全队只有他一人没有受伤。最具实力的队员没能登顶，而最不被看好的王石却成功了，有记者向他探寻其中秘诀时，他说："哪有什么秘诀呀！自从第一脚踏上珠峰，我的心中就只有一个目标，那就是登顶，任何与此无关的事情我一概不做。"也许，由此，我们也解读了王石，乃至深圳万科的发展之道。当然，汶川大地震后，王石成了一个颇受争议的人，不过我们还是要客观地看，辨证地看。成功需要实力，需要聪明的头脑，但往往对事业、对目标的专注也是不可或缺的重要因素。

我家乡的农村有很多蛇，很让人害怕。后来读初中遇到了一位老师，他开始教我们抓蛇。别看蛇很厉害，只要你把它头部和身体连接处一个很软的部位（相当于颈部吧）抓住，它就没脾气了。方法很简单，事先削好一根分叉的树枝，前部呈一个"Y"字，瞄准蛇头，一下子叉过去，卡住颈部，然后用手捏住，轻轻一提，蛇就只有乖乖听话的份了。那时顽皮的我曾试过，果然很管用，后来就用这种办法抓过好几条蛇。俗话说"打蛇打七寸"，不知这个部位是不是所谓的蛇的"七寸"？这就好比牵住了牛鼻子，一切都好办了。我们看牛，又大又猛，但只要牵住了"牛鼻子"，再生猛的牛也只有乖乖听话的份。毛泽东在他的名著《矛盾论》中也讲到了这个问题，其核心就是学会抓主要矛盾和矛盾的主要方面。

军事上有一个原则，那就是"集中"，这是很多国家军队共同强调的一个原则，孙子的表述是"我专而敌分"，毛泽东则形象地比喻为"把五个手指握成拳头"。事实上，不仅军事上如此，办事情、过日子，都有一个集中自己的时间、精力，乃至财力、物力的问题，也就是排乱聚焦的问题。一个人的时间、精力和各种资源总是有限的，只有学该学的，想该想的，干该干的，不为那些无谓的事情伤脑筋、费心神，才能在有限的人生旅程中，走出一条自己的路。有一位下岗工人，上有老，下有小，每月领着两百来元的低保。他最爱看的节目是新闻、娱乐频道，最爱谈的话题是国际局势，但对于自己应该干什么，对于怎样养家糊口，对于怎样负起自己应负的责任，他心中一片茫然。现在，已过不惑之年的他还只能在父辈余荫下生活。

把时间用在那些无谓的事情上，到底有什么意义呢？战国时有一个辩论家，据称是最早的逻辑学家，叫公孙龙，称得上是第一辩才，他每天津津乐道于他的"白马非马""奴隶有三只耳朵"

之类的东西，没有人能辩得过他。开始人们还觉得有点意思，但渐渐的，大家都不怎么想理他了，为什么呢？因为大家都知道，白马就是马，一个人就是有两只耳朵，说得天花乱坠它还是马，人也不可能有三只耳朵，在这些问题上面辩论，对实际问题的解决是没有什么意义的。当然，从逻辑学上有它的理论意义，这是另一回事。

影响我们时间和精力的，还有一个爱好问题。人大抵总会有自己的兴趣爱好。试想，一个人除了工作之外，对什么东西都不感兴趣，没有任何爱好，这是个什么人？我看，不是圣人，就是傻子。其实傻子也会有一些爱好的，比如《射雕英雄传》中的傻姑，也还喜欢玩呢。

其实，爱好是很私人的事情。只要不违背公义良知，不违反道德法律，与社会无碍，与他人无涉，有点爱好也是无可厚非的。邓小平喜欢打桥牌，爱因斯坦喜欢拉小提琴，罗斯福喜欢集邮，贾平凹喜欢收藏石头，这些都可以理解，也是传为美谈的事。有京剧的票友，有发烧的歌迷，还有人嗜酒如命，也有人好赌成瘾。千人百好，五花八门，世界也因此变得丰富多彩。

我把爱好分为三类：雅好、俗好、恶好。雅好，如琴棋书画、乐舞文体之类，因人文艺术的境界而自成高格，提升自己的生活品位，以健康文明的方式给人以美的享受。俗好则如吃喝玩乐，作为一个社会中人，这是正常的身心需求，快乐着自己，也愉悦着别人。恶好则可能给他人带来不良影响甚至危害，如黄、赌、毒之类，严重危害社会，危害他人。为他人，也为自己，我们应当提倡的态度是：培养自己的雅好，控制自己的俗好，消除自己的恶好。

不管什么样的爱好，都有一个度的问题。爱好一旦过度，就可能成为自己的缺陷。李煜善诗词，赵佶工书画，这两个都是不折不扣的艺术家，也是不折不扣的亡国之君。这个度怎么来把握呢？我觉得，对于学生而言，就是以不影响学习为度。比如上网，比如玩游戏，这些爱好本来没有什么不好，但如果深陷其中，影响了学习，影响了自己的成长、发展，就非常不好。"无癖不累，无癖不乐"，我们要培养自己健康的兴趣爱好，适度而为，适可而止，做一个快乐的人，做一个有益于社会的人。

第七节　别把长跑当短跑

"别把长跑当短跑。"这句话的出处，来自于联想集团的创始人柳传志。在20世纪80年代初，他用20万元创立了联想公司，历经风雨之后，他带领联想发展成为世界级的集团公司。他在引领联想20多年长跑的路上积累了很多经验，被称为"企业教父"。

我们现在来看，改革开放之初组建的系列企业，当年曾经叱咤风云，如今还剩下了多少？就像万米赛跑，开始千米之内冲在前面的人，也没剩下几个了。所以，联想集团的发展，固然有很多方面的原因，比如人才云集，比如技术创新，但是，纵观联想的发展历程，与他们的"长跑"战略是分不开的。

企业的发展如长跑，人生的历程也是这样。而且，人生更像是一场马拉松赛。当年同一起跑线上的人，比如中学同学，你过十年、二十年再来看，差距就会非常之大。很多人在这个过程中，把长跑当成短跑，很容易导致目光不够长远，体力分配不均，有冲劲、没后劲，开始势头很猛，却可能中途退场，或是一蹶不振，败下阵来。

在人生的跑道上，我们还是要把目光放长远一些，熟悉长跑的规则，掌握长跑的技巧，平和心态，调整状态，跑出自己的最佳成绩。

长跑，要抬头看路。短跑的道路简单，一眼都可以看到头。但长跑不一样，在漫长的跑道上，你知道将会遇到什么情况？该左转时右转，就有可能是南辕北辙的结果。所以，我们要把眼光放长远一点，要有一个可持续的发展规划，设计好自己的人生，选择好自己的跑道，该缓行的时候要缓行，该绕弯的时候要绕弯，"一慢二看三通过"，避免跌跤。

长跑，贵在坚持。人生路漫漫，需要冲劲，更需要后劲。百米赛跑，冲刺一下是没有问题的，但下一个百米，甚至下一百个一百米呢，你怎么办？"强弩之末，势不能穿鲁缟"，在任何时候都要记住，我们是在长跑，而不是短跑。如果暂时落后，请不要着急。日本著名企业家松下幸之助说过："慢慢地走，稳稳地走，最终你会发现，自己是走得最快的人。"只要坚持下去，积极稳妥，赶上去只是时间问题。一时一事、一城一地的得失，不是问题的关键，不是最终的结果，笑到最后才是笑得最好的。

长跑，要强基固本。长跑对身体的要求很高，对体力的耗费很大，搞"短、平、快"不可靠。我们还是要多做打基础、管长远的事。有个寓言叫"蒙鸠为巢"："南方有鸟曰蒙鸠，以羽为巢，而编之以发，系之苇苕。风至而苕折，卵破子死。巢非不完也，所系者然也。"这则寓言讲的是一种叫蒙鸠的鸟，在芦苇上筑巢，巢筑得很精美舒适，但最终难逃"卵破子死"的命运。长跑，需要实力，要做实打实的工作。我们不能练"假把式"，不能搞"花架子"，而要切实练好内功，提高自身素质。一个没有实力的人，在长跑的过程中，他所处的位置越靠前，跑得越快，危险就越大。

第八节　把握当下

据称，齐白石85岁高龄之际，每天还要坚持作画。有一次他过生日耽误了画画，第二天马上补起来，家人劝他，他说：要活得有意义，不让每一天闲过。是呀，把每一天用好，把每一刻用好，成就自然就积累起来了。所以，只有把握当下，才能开创天下。过去不可追，未来不可测，当下最重要。

朱自清有一篇散文名篇《匆匆》："去的尽管去了，来的尽管来着；去来的中间，又怎样地匆匆呢？早上我起来的时候，小屋里射进两三方斜斜的太阳。太阳他有脚呵，轻轻悄悄地挪移了；我也茫茫然跟着旋转。于是——洗手的时候，日子从水盆里过去；吃饭的时候，日子从饭碗里过去；默默时，他从凝然的双眼前过去；我觉察他去的匆匆了，伸出手遮挽时，他又从遮挽着的手边过去；天黑时，我躺在床上，他便伶伶俐俐地从我身上跨过，从我脚边飞去了。等我睁开眼和太阳再见，这算又溜走了一日。我掩着面叹息。但是新来的日子的影儿又开始在叹息里闪过了。"

我的理解是，朱自清先生之意，不外"珍惜"二字。人的一生就三万多天，如果从时间的角度来看，感觉不是很明显。那就让我们换一种思路来看。好比你有三万多元钱，每天，你就花去了一元。而且，要命的是，无论如何，你不可能再赚回来了！花一元就少一元呀！我们看，《论语》上讲："子在川上曰：'逝者如斯夫，不舍昼夜。'"还是古人的话深刻。

德国思想家伏尔泰曾在自己的一篇哲理小说中出过这样一个谜："世界上哪样东西是最长的又是最短的，最不受重视的又是最受愧惜的。它使一切渺小的东西归于消灭，使一切伟大的东西生命不绝？"

这就是时间。

世间最公正的莫过于时间了。不管你是总统还是平民，每天得到的都是 24 小时。

尽管时间是如此公正，然而，处于相同学习环境或相同工作条件下的人们，成绩和成就却参差不齐、大小各异。为什么人与人的差别会有这么大呢？为什么有的人处处领先，有的人时时迟到呢？

也许有人想到了"天才"这个字眼，诚然，世界上是有天才的，但说到底，天才也就是比一般人聪明些罢了，这种表现在生理上的聪明、才智方面的差别，对于正常人来说，其实是微乎其微的。造成差异的根本原因，要从后天的实践中去寻找。爱因斯坦已将这原因找出来了。他说："人的成就和差异在业余时间。"

业余时间的概念，是相对于"从业时间"而言的。在从业时间内，农民要种地，战士要值勤，机关企业事业单位的干部职工要上班。大家在相同时间、相同环境等相同条件下一起工作、一起学习。但在业余时间内，情况就不同了，这段业余时间，数量是极为可观的。一个人每周除睡眠、吃饭等时间外，至少有 44 小时业余时间，比每周的法定工作时间还多 4 个小时。一年业余时间就是 2288 小时，从 25 岁参加工作到 60 岁退休，35 年间就有 8 万多个小时。人的一生中有这么多的业余时间完全由个人支配，你是珍惜如黄金呢，还是弃之如敝屣呢？由于各人对这段时间的处理、安排、使用各不一样，这就必然会给各人的成绩或成就带来各不相同的影响。从而导致人与人之间差异的必然产生：有人杰出，有人平庸，有人沉沦。

每个今天都是短暂的，但我们的人生都是由无数个今天组成的。只有认真过好每一个今天，珍惜每一个今天，我们的人生才会充满阳光、绚丽多彩。汶川大地震之后，收到这样一条信息："地震过后，才知道个人的渺小，生命的意义，朋友的珍贵，亲人的重要，请珍惜身边的人，珍惜生命中的每一分、每一秒！"亲身经历了这场大地震的人，这样的感觉会更加强烈。

当然，我们不要误解了珍惜的含义，使珍惜变成了错过。对书的珍惜是常看，对衣服的珍惜是常穿，对友情亲情的珍惜是常伴。否则，留下的，只能是一声叹息。

第九节　心有定力

一位老领导，曾以一言相赠："心有定力。"细细思之，真是金玉良言。定力，是佛教用语，解释起来很玄乎。我自己理解，简而言之，定力就是一个人面对复杂的外部世界时，自己内心对良知的坚持力，对恶念的克制力。

尘世纷繁芜杂，定力不可或缺。禅宗有一个关于六祖慧能的典故，那就是大家很熟悉的"幡动、风动、心动"问题。风吹幡动，有的人看到了幡动，有的人感到了风动，有的人想到了心动。这个世界变数很多，诱惑很多，矛盾很多，可以说是幡在动，风在动，心也在动。如果没有点定力，意马心猿，迟早是要出问题的。那些在纷扰面前迷了眼睛、在诱惑面前失了底线、在问题面前乱了方寸的人，就是深刻的教训。而对于心有定力之人，总能做到"任凭风浪起，稳坐钓鱼船"。

我们讲定力，关键要有一种"坐冷板凳"的精神。不管世事如何纷扰，不管环境如何变化，都不要迷失自己。鲜花和掌声面前，恶劣的环境面前，该干啥还干啥，坐好自己的板凳，干好自己的事。古人云："板凳坐得十年冷，文章不写一句空。"没点这样的精神，是做不成事的。曹雪芹著《红楼梦》，李时珍写《本草纲目》，都是这样。

著名作家路遥，当年写出小说《人生》之后，好评如潮。全国各地的相关单位纷纷邀请他座谈、讲学、参观访问，但都被他拒绝了。他把自己"关"起来，和以前一样读书写作，数年之后，他写出了三卷本的长篇小说《平凡的世界》，这是一座新的高峰。他曾经说过："我绝非圣人。我几十年在饥寒、失误、挫折和自我折磨的漫长历程中，苦苦追寻一种目标，任何有限度的成功对我都至关重要，我为自己牛马般的劳动得到某种回报而感到人生的温馨，我不拒绝鲜花和红地毯，但是，真诚地说，我绝不可能在这种过分戏剧化的生活中长期满足，我渴望重新投入一种沉重。只有在无比沉重的劳动中，人才会活得更为充实。"

很多同学都看过电视剧《宰相刘罗锅》，主演李保田曾是一个市梆子剧团的成员。在那个时代人人前途渺茫，没有几个人知道学习，但李保田是个例外，不论是在团里排练，还是下乡演出，他都身不离书。1977 年恢复高考后，剧团接到通知，可以报考中央戏剧学院，当时符合报考条件的人很多，参加考试的人也很多，可是除了李保田之外，一个也没有考上。1988 年，这个梆子剧团解散，李保田却已是戏剧学院的副教授和全国有名的演员了。其实李保田先生的这种情况，在当时第一批高考的人当中，是很多的。

说到底，定力就是自我的一种内在修为，关键在于自己。如何强化自己心中的定力呢？我想，要注意以下三个方面的问题。

心有定力，要有理论素养。识见相及，定力乃固。见不及此，心有余而力不足。心中的定力，坚持什么，反对什么，源于理论上的清醒，判断上的正确。只有真正从理论上搞清楚为什么，知其然更知其所以然，才能分得清真伪，辨得明是非，有一个坚定的信仰、信念、信心。如果不分原则是非地坚持，就成了糊涂，成了固执，偏离了定力的本来意义。

心有定力，要有道德修养。道德缺位，定力必然缺失。我们老百姓常用一个词"天地良心"，王阳明的说法是"致良知"，中心意思都是做人要有基本的道德。没有一个基本的道德标准、做人原则，心黑脸厚、胆大妄为，必然要在"权、钱、色、利、情"的追逐中丧失定力，迷失自我。看看"黑心奶""潲水油"，三聚氰胺、苏丹红，这些东西层出不穷；再看看桥垮了、楼塌了、路陷了，省部级的倒了、厅局级的倒了，冷不丁乡村级的也挖出一个"地头蛇"，这些人前"腐"后继。天下，熙熙攘攘；境遇，曲曲折折。以定力为心中的支撑，让道德作灵魂的主将，就不会出什么大问题。古人说"威武不能屈，富贵不能淫，贫贱不能移"，在今天仍具有现实意义。

　　心有定力，要有性格涵养。性格体现定力，性格决定命运。跑跑颠颠、心浮气躁的人，是没有定力可言的。沉得住气、静得下心，坐得了"冷板凳"，这才是成事的心境。俗话说"三思而后行"，凡事多想想，冷静下来再说，不要在冲动的时候作决定，有时候"冷处理"就是最好的处理。法律上所谓的"激情犯罪"，那是对冲动的惩罚。林则徐写了一个条幅"制怒"，曾国藩则强调"主静"，大概都是要从性格上修炼定力的意思。

　　人生无常，心中有定。凭良心做人，按原则办事，脚踏实地地走好人生每一步。

第十节　知进知退

　　四川青城山有一副很有名的对联是这样写的："事在人为，休言万般皆是命；境由心造，退后一步自然宽。"前一句讲进，后一句讲退，只有知进知退，才能进退自如。古语也讲："逆水行舟，不进则退。"进和退的关系就是这样微妙。

知进是勇气，知退是智慧。曾国藩是一个知进知退的人。他在湘军最辉煌的时候，提出了裁撤湘军的问题。表现上看，他给了朝廷一个台阶，事实上，他也给自己搭了一个很好的台阶。曾国藩曾经给他的部属讲过一个故事：有一家人要请客，他买菜回家时，路过一座独木桥，桥面很小，只能容一人通过。这时，桥对面也过来一个挑担子的人，两人在桥中间相遇，怒目而视，互不相让，他们就这样僵持着。如果是你，你会怎么办？曾国藩没有说出最后的答案，但我们从他一生的经历可以看出，适当的退让才是最佳选择。

伍子胥是吴国的相国，他和孙武共同辅佐吴王成就了霸业。他有一个训练方法：训练官兵打败仗。大家很奇怪，你为什么要这样做呀？伍子胥这个人比较霸道，他不解释，还是一如既往地训练打败仗时怎么办。后来在与楚国作战的一次作战行动中，他们误中了埋伏。这个情景他们很熟悉，伍相国以前就是这么训练他们的，相当于一次演习。结果大军有条不紊，调度有方，全身而退，避免了更大的损失。官兵们这才理解了伍相国的一片苦心。

面对生活，面临挑战，知难而进，十分重要。但是，有时候我们退一步想，也许就会是另外一片天地。我们在不能进的时候，能不能歇一歇，绕一绕，甚至退一退。这决非是逃避，也不是消极，而是另一种思维和眼光，另一种道路和境地。一个人要不断地走向高峰、走向宽阔，在理想上应是志存高远的。但是发了奋，尽了力，能够知趣地退下去，也是一种高远的境界，一种智慧的选择。成功与失败同是开始，坚持与放弃各有意味。自知之明，自知之贵，在通往成功的道路上，条件不具备时，我们应当采取以退为进的办法，以一种睿智，有谋略有智慧地积极进取。可以这样说，不少时候，如果一味地钻"牛角尖"，走"死胡同"，其结果可想而知。退一步再进，碰鼻头拐弯，亦是一种成熟和修养，是一种眼光和境界。

初二的暑假，我和两名同学各自拉了百来斤辣椒到成都去卖。夏天的气候变化很快，突然就下起了雨，天色已晚，我们的辣椒还没卖出去多少。这种情况下，唯一的选择就是降价。但他俩不愿意，不甘心，想留到明天天晴时再卖。我把自己的辣椒降价卖了，陪着他俩。他俩却坚持不降价，在菜市场打地铺住了一晚上。第二天早晨一看，大部分辣椒都坏掉了，亏得血本无归。

炒过股的人都知道，有一种卖票叫"割肉"，很形象，亏本卖票，那是心如刀割的感觉。但，该割的还得割，那是壮士断腕的勇气与悲壮。这里会有几种情况：有些人套在一支票上，但他不抛弃，不放弃，忽然有一天，这支票猛地就拉起来，几个涨停，他得到了惊人的回报；有些人同样遇到这种情况，也坚持不抛弃，不放弃，但却一直"跌跌不休"，最后成了退市的"垃圾股"，血本无归；也有些人遇到股票下跌后，不停地换股，结果是一买就跌，一卖就涨，气得直跺脚，只能看着自己的资产越来越少；而另一些人，股票下跌后，也在换股，却换出了新天地，得到可观的回报。所以，不是坚持不坚持的问题，而是必须有根本的分析，该换时就不要老在那个废井处流连，必须拿出壮士断腕的决心和勇气，寻找新的机会；不该换时就要坚持到最后一分钟。正确的分析，这是一个前提。

所谓进退有据，这个"据"，就是分析，就是调查研究，根据各方面的情况，实事求是地综合分析判断，然后再作决定。

第十一节 学会转弯

1962 年，20 岁的陈忠实高中毕业。"大跃进"造成的大饥荒和经济严重困难迫使高等学校大大减少了招生名额。他落榜了。高考结束后，他经历了青春岁月中最痛苦的两个月，所有的理想、前途和未来在瞬间崩塌，他痛苦到了极点，这让沉默寡言的父亲非常担心。

后来父亲问他：你知道水是怎样流出大山的吗？他茫然地摇摇头。父亲缓缓地说道：水遇到大山，碰撞一次后，不能把它冲垮，不能越过它，就学会转弯，转道而行，借势取径。记住：困难的旁边就是出路，是机遇，是希望！

一语惊醒梦中人！1962 年，他在西安郊区毛西公社村小任教；1964 年，他在毛西公社农业中学任教。后来，他又历任文化馆副馆长、馆长。1982 年，他终于"流"出大山，进入陕西省作家协会工作。1992 年，他写出了史诗般的小说《白鹿原》。

当此路不通的时候，我们不妨绕道走走看。军事上有一个说法，叫"迂回战术"，硬拼不行的时候，就智取。"智取华山""四渡赤水"，都是经典战例，打出了水平，打出了艺术。"条条大道通罗马"，把眼界放开一点，把思路放开一点，办法总会有的。

转弯并不是一件容易的事。开车的人都知道，什么时候最容易出问题？那就是转弯的时候。这需要我们选择好角度，把握好速度。没有把握好，车就可能出轨，甚至翻车。不会转弯，于己于人，都是一件非常痛苦的事情。现在流行一种游戏叫"脑筋急转弯"，就是要让我们知道，一旦转过弯来，事情就会变得简单得多。

学会转弯，并不是要大家遇着困难绕道走，而是实事求是地解决具体问题，中心思想就是要解决问题，只是方式方法不同而已。曾经读过这样一个故事：19 世纪中叶，不少人听说美国加州有金矿，纷纷前去淘金，17 岁的小农夫亚默尔也加入了淘金者的队伍中。然而，加州气候干燥，水源奇缺，不少人被饥渴折磨得半死。许多人抱怨："谁要是给我一壶水喝，我就给他一枚金币。"亚默尔就想：我决弄不过这些强劲的淘金者，这里不是缺水吗？于是，他退出了淘金队伍，转而开始挖渠引水，过滤成为饮用水，并装进桶里，挑到山谷里卖给淘金者。结果当许多淘金者空手而归的时候，他却靠卖水赚到一笔可观的收入。

"山重水复疑无路，柳暗花明又一村。"转弯并不是坏事，我们要知道，困难的旁边往往就是出路。转过弯，路就通畅了。

第十二节　遗憾的早退

在人生的旅程中，不能迟到，更不能早退。自杀就是一种早退，提前退出了人生的舞台。在网上输入"自杀"这个关键词，相关的信息太多了。大学生自杀、青少年自杀、演艺圈明星自杀、农民工自杀、群体性自杀，甚至还有讲哲学的大学教授自杀，让人触目惊心。有资料显示：自杀，已成为15－34岁人群的首位死亡原因。

古今中外，自杀的现象都有不少。伯夷、叔齐不食周粟，饿死首阳山，相当于现在的绝食自杀。屈原，他"爱国而国不爱我"，满腹委屈，纵身跳进了汨罗江。现在的很多传统节日、活动，都还与他有关。海明威把猎枪伸进嘴里，扣动了扳机是要与疾病作最后的搏斗，并以此来维护自己那种"可以被消灭但不能被击败"的男子汉的"尊严"。三毛采取自缢的方式是为了远离红尘的喧嚣，选择去另外一个世界继续流浪。阮玲玉用30片安眠药结束自己的生命是为了表示清白，向残酷的世界作最后的抗争……

自杀是一个非常复杂的现象，自杀的原因也是多种多样的。但不管怎么样，自杀都是不值得提倡和鼓励的。活着是一种责任，对自己，对社会，对所有你爱着和爱着你的人！少了谁，地球照样转，什么也不耽误；但是，我们想想，你的家庭，你的亲人，少了你，天就塌下来了。三毛写过一篇文章叫《不死鸟》，可惜，她还是自杀了。鲁迅在被通缉时曾说过："名列该杀之林则可，悬梁服毒，是不来的。"我们看看，这真是一名斗士、勇士的形象。

有一名中学生，高考之后，她自我感觉不错。但其他同学陆续收到了各个大学的录取通知书，她却一直没有动静。眼看着开学的日子越来越近，她变得烦躁不安。给父母留下遗书后，她选择了自杀。就在她下葬的当天，她的大学录取通知书到了。很多人为她惋惜，并怪罪于这张迟到的录取通知书。其实我们仔细想想，就算她没有考上大学，她就该自杀吗？榜上无名，脚下有路，我们可以选择的路很多。自杀了，就再也没有机会了。

余华写过一本小说《活着》。小说的主人公是一位新中国成立前地主家的少爷，赌博输光了所有的家产，却因祸得福成了贫下中农中的一员，免去了被"打倒"的危险。但后来，却又几经沉浮，天底下最倒霉的事都让他碰到了，不过，他仍然顽强地活着。读过这篇小说的人，都有一种深深的震撼。是的，只要自己不倒，命运是打不倒我们的。这让人想起日本著名企业家松下幸之助给他的部属讲的一个故事。一个老板因为公司濒临破产而自杀，被朋友所救。他对朋友说："公司处处是困难和问题，我受不了，让我去死吧！"朋友将他拉到野外坟场，对他说："这里的人都是没有问题的人，但也都是没有希望的人！只要活着，就会有问题，但同时也有希望。记住，问题与希望同在！"从此，这位老板振作起来，使公司渡过难关，并迅速发展。是的，问题与希望同在，曲折与光明共存！

第十三节　追求而不强求

追求是人生的动力。人生如果没有追求，那还有什么意义呢？所谓"无欲则刚"，这是一种境界。虽然说"人到无求品自高"，但谁又能真正做到无欲无求呢？洒脱如李白，隐居终南山，在接到让他做官的诏书时，也说："大笑一声出门去，吾辈岂是蓬蒿人？"李白是个聪明人，他隐居的终南山，离唐朝的都城长安很近，便于朝廷知道自己。所以，后来有人就把那些所谓的隐士称之为"走终南捷径"。这样的"无求"，是为了更好更快的"求"。以"不为五斗米折腰"而闻名的陶渊明，也并不是无求，

言下之意，"五斗米"还是可爱的，如果能够不必付出折腰的代价，也还是可以接受的。

有些人常常自我标榜：我不想当官，也不想发财，更不想做什么大事。一句话，自己没啥追求。这让人想起台湾著名作家柏杨曾讲过的一个笑话。说有一个老头去看病，医生问他：你抽烟乎？喝酒乎？打牌乎？泡妞乎？老头回答：我不抽烟、不喝酒、不打牌，也不泡妞，也没有其他"不良嗜好"。医生反问他：那你活着干什么呀？所以，人有追求，是很自然的事。

有追求，却不能强求。强求是一件痛苦的事情。现在对女人流行都叫美女，据说丑一点的叫气质美女，老一点的叫资深美女。有一位美女（这位美女属于哪一类大家自有分寸。）疯子般地追求一位香港明星，网上炒得沸沸扬扬，其结果是那女子的父亲蹈海自杀，落得个家破人亡的下场。

我们即使追求的是事业，也要适可而止。从自己的实际情况出发，是否适合，听听大家的意见，比如亲戚、朋友、老师、同学，请大家谈谈看法，自己是不是那块料，是否可行，有没有意义，然后再作决定。有一位女学生，想当歌星，她自己作词、作曲写了很多歌，并自弹自唱，感觉很好。她想如果能够拍成音乐电视，一定会一炮走红。在她的苦苦哀求下，父母倾其所有，变卖了所有家当，凑了20万，找公司给她出了歌碟，本想一夜成名的她，拍出来的碟子，除了送给同学朋友的几张外，全部堆在她父母租来的房子里面，因为，她父母连房子都已经卖了。

　　法国少年皮尔从小就喜欢舞蹈，他的梦想是当一名出色的舞蹈演员。可是，因为家境贫寒，父母根本拿不出多余的钱来送他上舞蹈学校。这样，父母只能将他送到一家缝纫店当学徒，希望他学一门手艺后能够帮助家里减轻点负担。皮尔根本就不喜欢这份工作，他为自己的梦想无法实现而苦恼。

　　皮尔认为，与其这样痛苦地活着，还不如早早结束自己的生命。就在皮尔准备跳河自杀的当晚，他突然想起了自己从小就崇拜的有着"芭蕾音乐之父"美誉的布德里，皮尔觉得只有布德里才能明白他这种为艺术而献身的精神。他于是给布德里写了一封信，希望布德里能够收下他这个学生。

　　很快，皮尔收到了布德里的回信。布德里并没有提及收他做学生的事，也没有被他要为艺术献身的精神所感动，而是讲了他自己的人生经历。布德里说他小时候很想当科学家，因为家境贫穷无法送他上学，他只得跟一个街头艺人跑江湖卖艺……最后，他说：人生在世，现实与梦想总是有一定的距离。在梦想与现实生活中，首先要选择生存。只有好好活下来，才能让梦想之星闪闪发光。一个连自己的生命都不珍惜的人，是不配谈艺术的。

　　布德里的回信让皮尔猛然醒悟。后来，他努力学习缝纫技术。从23岁那年起，他在巴黎开始了自己的时装事业。很快，他便建立了自己的公司和服装品牌。他就是皮尔·卡丹。在他功成名就之后，他曾接受过记者的采访，他说，其实自己并不具备舞蹈演员的素质，当舞蹈演员只不过是少年轻狂的一个梦想而已。

我们可以想一想，如果皮尔始终把自己的梦想锁定在当舞蹈演员上，这个世界上只不过多了一个不入流的舞蹈演员，却少了一个让人仰望的服装巨人。所以，我们应该保持一颗积极进取的心，生命不息，奋斗不止。另一方面，很多事情，我们尽了自己最大的努力，做到问心无愧就可以了。对于不切实际的梦想，实在无法改变的事实，最终无法得到的东西，不妨以一种"行到水穷处，坐看云起时"的心态视之。放弃是另一种追求，是一种更实际、更科学、更合理的追求。

第十四节　成长比成功更重要

有一个和尚，剃度一年多后，住持还在让他做行脚僧，每天都要风里来雨里去地外出化缘。这是寺里人人都不愿干的最苦最累的差使，一般都由新来的小和尚们去干。所以他有些不愿意了。

一天早晨下了雨，他躺在床上"压床板"，床边上扔了一大堆破破烂烂的鞋子。住持来叫他，他发起了牢骚："别人一年连一双鞋子都穿不坏，而我一年穿坏了这么多鞋子。"住持笑笑说："昨晚下了一场透雨，你随我到寺前的路上看看吧。"

寺前的路是一块黄土坡地，由于刚下过一场透雨，路面泥泞不堪。住持拍着他的肩膀问："你是愿做一个天天撞钟混日子的和尚，还是愿意做一个光大佛法的名僧？""我当然想做一个名僧了。"

住持捻着胡须接着说："你昨天是否在这路上走过？"

他答道："当然。"

住持接着又问："你能找到自己的脚印吗？"

他不解地说："昨天这路上又干又硬，哪能找到自己的脚印？"

住持没有再说话，迈步走进了泥泞里。走过十几步后，住持停下脚步说："今天我在这路上走一趟，你是否能找到我的脚印呢？"

他答道："下了雨的路上当然能了。"

住持听了，拍着他的肩膀说："泥泞的路上才能留下脚印，世上芸芸众生也莫不如此啊！那些一生不经历风风雨雨、碌碌无为的人，就像一双脚踩在又干又硬的路上，什么足迹也没有留下。"

泥泞留痕！他顿悟了。他就是后来历史上有名的鉴真法师。

这让人想起孟子的那句名言："天将降大任于斯人也，必先苦其心志，劳其筋骨，饿其体肤，空乏其身，行拂乱其所为，所以动心忍性，增益其所不能。"

大家都在玩的时候，让你学习；大家都在喝咖啡的时候，让你受苦，或者说，让你受更多的苦，受更多的累，你会怎么样？

走过的路都不会白走，吃过的苦都不会白吃，读过的书都不会白读。一句话，生活都会给予适当的报偿，当然，不一定是以金钱的形式。

汪国真写过一首诗，名字叫《热爱生命》：

我不去想是否能够成功

既然选择了远方

便只顾风雨兼程

我不去想能否赢得爱情

既然钟情于玫瑰

就勇敢地吐露真诚

我不去想身后会不会袭来寒风冷雨

既然目标是地平线

留给世界的只能是背影

我不管未来是平坦还是泥泞

只要热爱生命

一切　都在意料中

汪国真的诗很直白，但确实有一种青春的激情。让我们满怀激情地生活，把生命渲染得更加绚丽多彩。